老马识途说

马识途 ◎著　慕津锋 ◎编

人民出版社

马识途近照

斯姑乘書
為中宅賢
坐未法易
溥無冷法
　法育書

馬識途
辛丑之夏

每臨大事有靜氣
不信今時無古賢

二〇一六年書
馬識遴

登山從來不落人後
作事敢為天下先

二〇二一

百〇七歲馬識途

满江红　中国共产党成立一百年志庆

建党百年航指向　千秋伟业回首望　举步艰辛

岁月　十亿神州全脱贫　英亿超百亿　奇绝应记取环视稽晓：

金瓯缺　定方向划长策　大闸放　深改革　肃党风政纪严

高巍楼船列中流浪更高　云山万道须防跌十四

亿奋勇　齐苦若列　尽豪杰

二〇二一年四月书

马识途

附午一百零七载
党龄八十三载

誠樸

書以載道

馬年元旦書

百壽翁馬識途

厚積薄發

博觀約取

百〇七歲叟馬識途

二〇二一年三月書東坡句

寡宿德乃大

無欲心自安

百歲叟馬鐵達

豈能盡如人意
但求無愧我心

百歲叟 馬誠達

板凳要坐十年冷

文章不写一句空

辛卯春書范文澜名句

百歲叟馬識途

辭親負笈出夔關
三峽雄風卷巨瀾
此去磨長劍
不報國仇誓不還

一九三一年夏，余負笈出夔關，赴上峽，尋求救國之道，船行至夔門峽口，見激流奔騰，雄風浩浩，豪情滿懷，口占七絕一首，以勵少年奮發之志。

二〇〇七年夏馬誠達

目　录

第一部分　※　马识途小传

1915 年 1 月 17 日（农历腊月初三），马识途出生于重庆市忠县石宝寨，原名马千木，又名马千禾。1928 年 2 月，入忠县东区初中读书。1931 年 7 月，在川东首府万县参加毕业会考。后遵父亲"本家子弟十六岁必须出峡"教诲，前往北平报考高中。九一八事变后，在北平积极参加学生抗日活动。1932 年冬，在北师大聆听鲁迅演讲。1933 年夏，因日军在平津一带军事活动频繁，遂前往上海继续求学。1935 年 1 月，以笔名"马质夫"在叶圣陶主编的《中学生》杂志第 51 期"地方印象记"中，第一次发表文章《万县》。同年 12 月下旬，受北平一二·九运动影响，在上海积极参加学生游行和前往南京的请愿活动。1936 年 7 月，考入南京中央大学工学院化学系。不久，秘密加入中共外围组织"南京学联小组"。

　　七七事变爆发后，1937 年 8 月与同学刘蕙馨等人一同加入"中央大学农村服务团"，到南京郊区晓庄宣传抗日。同年 11 月，南京学联负责人与马识途、刘蕙馨谈话，准备发展他们加入中国共产党。同年冬，根据八路军南京办事处要求，"中央大学农村服务团"从南京撤往武汉。12 月底经董必武介绍，与刘蕙馨前往七里坪参

20 世纪 30 年代在浦东中学求学期间的马识途（后排右二）

加鄂豫皖苏区举办的党训班，接受游击战培训。1938年2月，奉中共湖北省委命令，前往武汉中共湖北省委组织部报到，参加武汉工人运动。3月初，在武汉正式加入中国共产党。入党后第一个任务，就是在一个月内为周恩来寻找一位政治可靠的工人司机。5月，到汉口职工区委会工作，并在英商颐中烟草公司的卷烟厂、彩印厂建立职工夜校。通过办夜校提高工人觉悟，组织工人为增加工资、改善生活条件而进行有组织的罢工。7月，调任武汉职工组织"蚁社"，担任党支部书记，与胡绳一起创办《大众报》。10月，随中共鄂西北省委前往襄樊，加入李宗仁组织的第五战区文化工作委员会。后担任枣阳县工委书记，负责清理当地农村党组织，重建党的地下机构。期间，以《鄂北日报》记者名义前往随县战场前线进行战地采访。1939年春至1939年10月，在襄樊先后担任中共枣阳、南安中心县、光（化）谷（城）中心县委书记，国民政府南漳县主任秘书及县民教馆馆长。

1939年10月，到宜昌参加湘鄂西省委会议，初识何功伟。中共恩施特委成立，被任命为特委书记。同年冬，与刘蕙馨在恩施结婚。1940年8月，根据南方局的指示，成立中共鄂西特委，何功伟任书记，马识途任副书记。12月为应对国民党反共高潮，前往宣恩、来凤、咸丰、利川，疏散党组织。1941年1月20日，因叛徒出卖，妻子刘蕙馨与何功伟被国民党逮捕，出生一个月的女儿随母亲入狱。马识途在利川得知消息后，紧急前往重庆南方局汇报。不久，根据南方局"长期埋伏、隐蔽精干、积蓄力量、以待时机"的方针，报考西南联大。1941年10月下旬，入西南联大，改名马千禾，在昆明展开党的地下工作。12月，与进步同学一起

20 世纪 40 年代在西南联大求学期间，马识途（前排右一）与美国飞虎队的朋友合影

在昆明掀起了著名的"讨孔运动"。1942年9月，西南联大成立中共地下党支部，被选为党支部书记，负责西南联大及昆明师生民主运动的发展。当年，开始创作《夜谭十记》第一篇《视察委员来了》（短篇小说，后改名为《破城记》）。1944年初夏，在昆明结识美国飞虎队成员贝尔、海曼、华德、帕斯特等。1944—1945年，与齐亮、张光年等人在昆明参与组织"时事报告座谈会""云南各界人士双十纪念会""鲁迅逝世八周年纪念晚会""护国纪念日""纪念五四"等各种进步活动，并与闻一多等进步教授加强组织联系。1945年8月下旬西南联大毕业后，被党组织派到滇南做地下革命工作。

1946年7月底，根据南方局指示，前往成都担任成都工委副书记。1947年初，开始全面负责中共成都工委的筹备与领导工作。同年2月，与四川大学中共党员、成都工委委员王放一起筹办成都工委电台和进步小报《XNCR》的编辑、出版。8月底，中共川康特委成立，蒲华辅任书记，马识途担任副书记。8月至次年春，为牵制敌军，在仁寿、荣县、大邑、冕宁组织领导了数次武装暴动。1949年1月下旬，因蒲华辅叛变，马识途紧急隐蔽，并及时向香港倪子明、川北、川南、西昌工委发报报警，转移相关地下工作人员。2月，秘密前往香港汇报工作。3月下旬，与在港中共地下党员一同前往北平。后随四野进武汉，担任华中总工会副秘书长，学习城市接管工作。9月，奉命赶赴南京，受到邓小平接见，参与编写《入城手册》。不久，又前往山西临汾一野司令部，与贺龙见面。11月中旬，随贺龙南下进军四川。12月底，领导成都地下党组织配合一野和平解放成都。

新中国成立后，参加成都军管会，保障成都的正常运行。后担任川西区委组织部副部长，负责清理地下党和进步群众社团工作。1952年夏，担任成都城市建设委员会主任，主管成都城市基础建设与规划。其后，先后担任四川省建设厅厅长、中国科学院西南分院党委书记。1959年新中国成立十周年前夕，在沙汀的要求下，为《四川文学》创作新中

1948年时的马识途

国成立后的第一篇文学作品《老三姐》。该作品引起人民文学杂志社关注。1960年4月底，在湖北省公安厅的帮助下，找到失散近二十年的女儿吴翠兰。不久，根据亲身经历开始创作革命长篇小说《清江壮歌》。60年代，马识途还担任了中共中央西南局及四川省委宣传部副部长。这一时期，他创作了著名短篇小说《找红军》《两个第一》《小交通员》，中篇小说《接关系》《回来了》，讽刺小说《新来的工地主任》《挑女婿》《最有办法的人》等。"文革"结束后，马识途担任四川省委宣传部副部长、四川省人大常委会副主任、四川省文联、四川省作协主席等职务，创作出版了长篇小说《夜谭十记》《巴蜀女杰》《京华夜谭》《雷神传奇》、长篇纪实文学《风雨人生》《沧桑十年》《在地下》等大量文学作品。

2013年1月，先后获得全美中国作家联谊会颁发的"东方文豪终身成就奖"，四川省文联颁发的"巴蜀文艺奖·终身成就奖"。

第二部分　※　文论

信　念

　　"你还在写呀?"几年前,我正在同志们的帮助下检查我在文艺工作中的错误,并利用写检查材料余下的纸笔和空闲的时间,又搞起自己的创作来时,某一天一位同志发现我在创作,十分惊讶地这样问我。从他的神色中,我看出了他的意思:你知道你现在正处在一种什么样的环境和情况下,竟又偷偷写起作品来!但是我听了一笑置之。我知道当时他对我是不理解的。正因为同志们对我的帮助,涤荡了我灵魂深处的污秽,使我变得更加健康起来;正因为那些尖锐的语言,揩净我的武器上的锈垢,使我的笔更加锋利,我为什么不写呢?我仍然利用难得的闲暇和充足的纸笔,继续写我的作品。

　　"你还在写呀?"当我得到群众的谅解,获得解放,重新走上工作岗位,我的朋友们发现我又在工作之余,开始抄改和整理我的文稿时,十分诧异地这样问我。我从他们那种关切的眼神中,看出了他们的意思:因为写文章,你给自己带来的麻烦已经够多了,许多有自知之明的人早已搁笔,你竟这么一意孤行,打算把自己带到哪里去呢?谁愿意来承担发表你的作品的风险呢?但是我听了仍然一笑置之，还是利用晚上，孤灯独坐，抄改我的作品。

"你还在写呀?"这轮到批林批孔、"四人帮"搞"三箭齐发"的时刻了。就因为我说了"'三突出'算不得原则"这么一句话，就触犯了"四人帮"的天条律令，又是批，又是送材料，搞得不亦乐乎。我的老伴发现我满不在乎，竟然从她"坚壁"了的文稿中又抽出作品来偷偷修改，她十分沉痛地这么问我。我从她那忧心如焚的脸色上，看出了她的意思：他们统治了文坛，正在找你的岔子，谁还要你的作品? 难道你真要搞到"罪孽深重，弗自陨灭，祸延子孙"，才肯罢休吗? 但是我听了仍然一笑置之，没有回答，照样利用她不觉察的深夜，写我的作品。

"你还要写吗?"这最终临到"四人帮"帽子满天飞、棍子遍地打的 1976 年了。我这样的老家伙，当然最适合"四人帮"发明的"老干部＝民主派＝走资派＝反革命"的公式了。当时有许多老干部都落进他们制造的这种两根杠子做的夹棍里去，日子很不好过，我却因为处在他们的文艺突破口的风头上，更是搞得惶惶不可终日。这时，我似乎终于觉悟，这么责问起自己来了，而且下决心洗手不干。但是在我对某些存稿进行火的葬礼的时候，总难免泪眼潸潸。偏偏我的一些作品中的人物，常常跑到我的睡梦中来打扰我，有的公然对我把他们火葬提出抗议，呼吁他们生存的权利。最糟糕的是当我处境最不愉快的时候，他们跑到我的眼前来，给我打气。只要我回到自己梦想的小天地里，又和我的人物亲热地有说有笑，我的手又痒痒地想铺开稿纸，拿起我的笔来。

几年来，我就是处在这样一种境遇中，似乎有一千条理由搁笔，没有一条理由执笔，而自己却冥顽不灵，想坚持写自己的作品，似乎只要地球还在转动，我还能呼吸，我的手还在，就谁也不能阻止我写下去。

是的，我要写，我要坚持写下去，直到我的最后一息，黄沙盖上了我的脸。就像李商隐的诗中说的，"春蚕到死丝方尽，蜡炬成灰泪始干"，我愿意吐尽自己最后一寸丝，发完自己最后一份热和光。

我要歌颂毛泽东思想，我要为美丽的社会主义祖国尽情歌唱，我为什么不写？

我要表彰那些把他们的鲜血洒向红旗，使我们的红旗变得更为鲜艳的革命先烈和鞠躬尽瘁死而后已的革命先辈，我为什么不写？

我要刻画那些为了保卫和建设我们美丽的祖国而英勇献身，那些甘心把自己化为一把土、一块砖埋进社会主义大厦的基础里去的平凡而伟大的普通劳动者，我为什么不写？

我要用我并不够锋利的笔刀，去解剖我曾经经历过的旧社会，去暴露那些嗜血狂的剥削者的丑恶面目，去鞭挞那些叫作"人"的两脚动物的凶恶嘴脸，我为什么不写？

我为什么不写？

诚然我只拥有一支秃笔，我不过是文艺战线上一个长了胡子的新战士，我的思想水平很低，灵魂上还有着旧社会的许多烙印，我还可能犯这样那样的错误。但是我有一颗赤忱的心，愿意把有限的余年奉献给祖国的艺坛。即使妖蝎横行，艺坛变成祭坛，我也愿意奉献我的最后一滴血。

我坚持写下去。为什么这样地死心眼儿？因为我有一个不灭的信念。

我深信我们的人民有无限的创造力，只要我走进他们里面去，和他们干一样的事，唱一样的歌，做一样的梦，怀抱一样的理想，享受一样的欢乐，忍受一样的痛苦，走一条社会主义的光明大道，我就能从这永不枯竭的生活源泉中，汲取不尽的智慧、力量。

我更深深相信伟大的毛泽东思想，它不仅照亮了我们过去解放的道路，也照耀着我们将来前进的道路。凭借毛泽东思想的灯塔，不管航程多么曲折，我们一定能够驶到共产主义的光明彼岸。我深信毛主席的革命文艺路线是无往而不胜的，定能扫荡"四人帮"散布的一切迷雾，设置的一切暗礁，胜利向前。

我更深深相信，我们的党是伟大的党，我们的军队是伟大的军队，我们的人民是伟大的人民。

就是这样的信念，使我在风云变幻中，紧紧握住我的笔。

（原载《人民文学》1977 年第 10 期）

祝科学与文艺的结合

——《科学文艺》代发刊词

在我国，科学的春天已经到来，文艺的春天也已经到来，科学与文艺的万花园中正是百鸟争鸣，众芳争艳的时刻，又有一本新的刊物，在我们面前——《科学文艺》出版了。

科学文艺，也许有人会感到惊奇：科学是以自然世界为研究对象，文艺以人类社会为描写对象；科学是逻辑思维，文学是形象思维。科学和文艺怎么能搞到一块呢？

能！不特能，而且十分必要！

谁是祖国明天科学的主人？我们社会主义的广大人民群众。要向群众普及科学知识，培养对于科学的兴趣，我们必须在他们的心田里播下科学的种子，使之在阳光雨露的滋润下，茁壮成长，开花结果。但是，科学知识往往艰深难懂，正如鲁迅说的那样，"常人厌之，阅不终篇，辄欲睡去"，因此，必须使科学通俗化，这就要借助于文艺这个形式，用生动的形象来表述玄妙的道理。这就是科学文艺。

科学文艺在中国和外国都受到有识之士的重视。我们的鲁迅在七十年前就提出:"……于不知不觉间,获一斑之智识,破遗传之迷信,改良思想,补助文明……导中国人群以进行,必自科学小说始。"苏联大作家高尔基也在五十年前赞扬科学小说显示了"人们预见未来现实的一种惊奇的思想能力"。我们知道大科学家法拉第自认他是读了玛尔赛特的科学通俗作品《谈谈化学》才引起他从事科学研究的念头的,他自己写的《蜡烛的故事》,就曾经引导几百万青少年对科学发生兴趣。而比利时的大诗人梅特林克称赞法国以清新文笔描述昆虫生活,写出了《昆虫记》的法布尔是"昆虫世界的荷马……他的额上理应戴上一顶双层的灿烂的皇冠"。

我们要培养明天的科学家,就需要今天的科学文艺。也许一篇引人入胜的科学通俗作品,能引导出一个明天的非凡的科学家,像法拉第自认的那样;也许一堂生动活泼的数学猜想的通俗介绍,带来一个未来的大数学家,像我国数学家陈景润所经历的那样。安知一部星际旅行的科学探险电影,不能启迪一个未来的宇宙的征服者?安知一部历精察微的科学幻想小说,不能鼓舞一个未来的生命奥秘的探索者?

我们生活在一个多么神奇美妙、瑰丽多彩的世界上呀。我们的广阔无垠的平原,磅礴逶迤的山峦,波涛汹涌的大海,繁星闪烁的星空,该蕴藏了多少的神秘。就是一片彩霞,一声雷霆,一阵风,一丝雨,池塘里一泓绿水,古树上一抹斜阳,深林中一声鸟唱,天际边一钩新月,峰峦间一缕云烟,都能勾起我们多少奇思遐想。宏观大至宇宙,微观小至粒子,都会激励人们去幻想,去探索,去追求,去创造。

是的,我们需要幻想。这正如列宁所说的幻想是"极其可贵的品质"，没有幻想，不可能创造出伟大的文艺作品，没有幻想，也不可能出现伟大的科学发明。幻想，也如大科学家爱因斯坦说的，"概括了世上的一切，推动着进步，并且是知识进化的源泉"。幻想可以激励人们去探索世界的奥秘，去追求知识的瑰宝，去创造美好的明天。

那么我们为什么不用科学幻想小说、科学文艺去把广大群众，特别是青少年引导进理想和幻想的广阔天地里去呢？让他们在夏夜繁星闪烁的星空遨游，让他们去云蒸霞蔚的天空中驰骋，让他们在数学的迷阵里玩耍，让他们在电子轨道上飞旋，让他们进蛋白质里观察，让他们和计算机赌输赢，让他们和机器人交朋友。出神入化，标新立异。使他们真如古人刘勰说的"寂然凝虑，思接千载，悄然动容，视通万里"；陆机说的"观古今之须臾，抚四海于一瞬"。而从他们这些科学的幻想、探索、追求和创造中，将如群星闪耀，涌现出许多卓越的科学家，将为我们创造出高度科学文明的明天。

是的，科学需要幻想，但是幻想需要自由，自由需要民主。没有科学自由和科学民主，就不能激发出科学幻想来，只有从绽开的幻想的繁花中，才能结出丰硕的科学果实来。回顾一下科学发展的历史，在中世纪没有民主和自由的黑暗时代里，在那宗教裁判所的火堆里，烧灭了多少有着为科学创造开辟途径的奇思遐想！而一当民主自由思想冲破封建的牢笼，科学就像骏马一般飞跃前进，带来了 20 世纪的现代文明。让我们什么时候都不要忘记，"百花齐放，百家争鸣"是我们搞科学文艺的坚定方针。我们要为捍卫科学的民主和创作的自由而献身。

科学需要文艺，文艺应该帮助科学。那么，中国的科学家们，中国的文艺家们，让我们为了明天，为了明天的科学家，为了明天的美好生活，来创作更多更好的科学文艺作品吧，让我们共同来办好《科学文艺》吧。

（写作于 1978 年 5 月）

学习创作的体会

　　我开始写点作品虽说是早在 20 世纪 30 年代，但是因为参加革命工作后，一直在严酷而紧张的地下党斗争中讨生活，偶然写一点作品，不是自己烧了，便是被敌人抄了，很少发表。解放后，我担任了繁重的建设工作，几乎和创作绝缘了，真正又拿起笔来，是在 50 年代末了。因此我只能算一个长了胡子的文艺新兵，要我对大学中文系的青年同学谈创作经验，实在愧不敢当。不过在我拿笔杆子的这些年代里，我读过一些文艺前辈的创作经验谈及一些报刊上讨论创作的文章，结合自己的实际，做过一些笔记。我现在就对照寄来的提纲上的题目，从我的笔记本中抄出一点零零杂杂的段落来交卷，与其说是我的创作经验谈，还不如说是我学习别人的创作经验的体会吧，而且很可能不过是老生常谈而已。

一、作文与做人

　　要学习写作品，要首先学习做人，只有革命的人才能创作革命的作品。鲁迅大师说得好："我以为根本问题是作者可是一个'革命人'，倘是的，则无论写的是什么事件，用的是什么材料，即都是'革命文学'。从喷泉里出来的都是水，从血管里出来的都是血。"

鲁迅又说："为革命起见，要有'革命人'，'革命文学'倒无须急急。革命人做出东西来，才是革命文学。"因此我还进一步认为，不做革命作家也罢，首先去做一个革命人吧。我们过去有许多颇有才华的作家参加革命后，再没有搞创作了，然而他们却从事了更为伟大的创作，用他们的汗水，必要时用他们的鲜血，写出威武雄壮的诗篇来。他们之中有的人后来得了机会，又拿起笔来，写出了革命的华章。如果他们不是曾经一心一意去革命，他们的这些革命华章也是不可能出现的。因此我还想进一步说，正因为只想当革命家，不想当作家，结果他反而当了作家，而且是革命的作家。如果他那时只是千方百计地想去当一个作家，不敢去冒险犯难地参加革命斗争，也许他连作家也当不成。为什么？生活是源，作品是流，没有源头，哪来活水？

不想当作家，只想革命，结果他反倒当成了革命作家；只想当作家，不想去革命，结果他反倒当不成作家。这算不算是"作家的辩证法"？

二、源于生活，高于生活

这句话现在不怎么说了，然而我以为还是真理。没有生活，不能创作；没有深入生活，无法搞好创作；光是深入生活，不能高于生活，也不能搞好创作。何以故？

不深入生活，浮光掠影，浅尝辄止，不参加生活，只旁观生活，便不知生活的底蕴，不识人物的灵魂，当然搞不好创作。如果光是沉溺于生活之中，不能自拔，能入不能出，能沉不能浮，便不能站得更高，看得更清。这是"不识庐山真面目，只缘身在此山中"的道理。

如果只是深入生活，对生活和人物观而不察，研而不究，不能从纷至沓来的生活激流中，辨别主流和支流；不能从变化多端的众生相里，区分本质和表象，如果只将所见所闻照实写出，不分巨细，不遗毫发，便陷入自然主义，则离高于生活的典型环境中的典型性格远矣！

要深入生活，取得大量素材，还要有敏锐的观察能力，致密的研究能力，深邃的思考能力，善于把一切人物和生活现象去粗取精，去伪存真，由此及彼，由表及里，得出生活的真理和人生的真谛来。

然而还不够，还必须在生活中和人民建立深厚的感情，和他们休戚相关，和他们共一样的命运，为一样失败而痛苦，为一样胜利而欢乐，和他们做一样的梦，唱一样的歌。在和他们同生共死的斗争中引起激情和创作冲动，这样才能进入创作过程。

敏锐的观察能力、深邃的思考能力、斗争激情和创作冲动从何而来呢？这决定于自己的世界观，决定于自己的立场和观点。这就有赖于深入生活中，在参加改造客观世界的同时，改造自己的主观世界，改造自己认识客观世界的能力。

对于一个作家来说，如果没有自己的生活基地，如果没有自己的知心朋友，他就会像脱离了大地母亲的大力士安泰，毫无能力了。

深入生活里去，不要看到一点就写，不要把自己当作为写作而来专门收集素材的特殊人物，而要和群众一起战斗，一直要等到积累多了，酝酿成熟了，人物在脑子里活起来了，非写不可了，才动笔写。那时候，你不写也不行了，人物在催促你写，叫你吃不下饭，睡不好觉，在你的脑子里鼓噪，在你的肚子里躁动，呼吁他们出生的权利。你写起来吧，不过你的人物会驱使你这样写或那样写，写出他们的性格和本来面目，由不得你了。王国维说"无我之境"，又说"不隔"，此其谓乎？

三、长期积累，偶然得之

"长期积累，偶然得之。"周总理这两句有关创作规律的话实在好。必须长期积累，不要老是想到"我是为创作而来的"，"我下来是为了上去写作品"。应该是生活再生活，积累再积累。一朝积累多了，真如水到渠成，瓜熟蒂落，一件偶然的人和事的触发，一种不知从何而来的灵机一动，就如按了一下你的脑电门，你的思想的闸门哗然打开，笔下生波，一发而不可止。这便是创作过程的真正开始。这个"偶然"，往往是难以捉摸的，也许在你的睡梦中，也许在你的寂寞的旅途中，也许在你和友人的闲谈中，想起一件小事、一句闲谈、一个人物……忽然一个火星在你的脑中爆炸了，你的脑子忽然大放光明，你的情绪昂扬，有创作冲动了，连拿笔展纸都来不及似的。那么你就写吧，不停地写，直到你筋疲力尽，直到你文思滞涩为止。

这样说来，未免太神了吧，是不是唯心主义的天才论、灵感论？我问过一些有经验的作家，都说有过这样的境界，而且他们的好作品大半是从这里产生出来的。这并非唯心主义天才论、灵感论。这其实不过是你长期积累，暗地酝酿，孩子已怀足了月份，非呱呱坠地不可了。水到了渠非成不可，瓜熟了蒂一定要落。这是渐变后的突变，世界上是有天才的，但天才不过是百分之九十九的辛勤努力加上百分之一的灵感而已。而灵感不过是在知识积累高压下爆发的火花，不过是化学变化的催化剂。

四、博观约取，厚积薄发

苏东坡的这两句话，可说是他一生创作的经验之谈。头一句"博观约取"，是谈的如何积累，后一句"厚积薄发"，是讲的怎样创作。

在积累素材的时候，应该"博观"，生活经验越丰富越好，看的东西越多越好，也就是"去观察、体验、研究、分析一切人，一切阶级，一切群众，一切生动的生活形式和斗争形式，一切文学艺术的原始材料"。积累越多越好，这还不够，还应该"约取"。对于积累起来的大量素材，在生活中观察到的人和事，千奇百怪的生活现象，如果一股脑儿囫囵吞下，不作分析研究，那也不过像在脑子里塞满一堆乱丝，理不出头绪，织不出彩锦来。要"约取"之后，才进行创作。

在创作过程中，要采取"厚积薄发"的严肃态度，经过约取之后的素材，在脑子里厚积起来，可以说胸有成竹了，可以发而为文了。但是苏东坡主张"薄发"，少写一些，精练一些。不要凭一点材料，便敷衍成大块文章。其结果如果不是妇人的裹脚布，也会是淡水一杯，没有味道。这是严肃的作家所不取的。

五、写不出来的时候不硬写

这是鲁迅在《答北斗杂志社问》里的第二条。在这一条前面还有第一条："留心各样的事情，多看看，不看到一点就写。"在这一条后边还有一条："写完后至少看两遍，竭力将可有可无的字、句、段删去，毫不可惜。"

这对初学写作的人很有用处，对老写作品的人何尝又没有现实的意义？

"写不出来的时候不硬写"，写不出来，这说明你的生活素材积累不足，还没有进行深入的分析研究，对其中的人和事还吃不透，消化不良，酝酿不成熟。你硬要去写，就像强迫自己的生了锈的思想在自己的笔尖上生涩地流出来，这是很不痛快的事，甚至是很痛苦的事。未足月的婴儿强迫生下来，先天不足，即使存活了，生命力也是不强的。写不出来，硬着头皮写，必然是内容贫乏，文字生涩，"言语无味，面目可憎"。这样的作品印了出来，叫人去读，在舞台上演出，叫人去看，的确是一场灾难。

在现实生活中，这样的灾难，难道没有吗？他本来没有多少生活积累，也无真知灼见，抓一点东鳞西爪，凑一点道听途说，凭自己的聪明脑袋灵机一动，胡乱玄想一番，编些惊人情节，加之一点自以为合理的夸张，还撒上一点爱情的胡椒面，于是打扮起来，让它出头露面。这哪里能经受时间的考验？不过半年一年便销声匿迹了。

对这样创作狂的作者，最好请他读一读鲁迅五十年前说过的话："选材要严，开掘要深，不可将一点琐屑的没有意思的事故，便填成一篇，以创作丰富自乐。"

六、短些，更短些

短篇不短，长篇更长，这似乎已经成为一种风尚了。这到底表现什么？这不过表现我们有些作者还太不会驾驭自己的文笔。显然，古今中外，找不出这样的事实，一个作家的名望是和他排成铅字的数目成正比的。也没有听说作品的好坏与字数的多少成正比，这个道理谁不明白？可就是"短篇不短，长篇越长"之风如故，甚至还有发展。现在杂志上三五千字的短篇小说很难读到，《人民文学》提倡和示范过一下，似乎成效也不大。至于长篇小说，几乎都是洋洋洒洒几十万言，印出来是厚厚的一本。一本不足，印成上、下册，上、中、下册，一卷不够，来两三卷，每卷又可分为几册，尽管西汉演义、东汉演义、三国演义……演下去就是了。

谁都知道，一个作品总是为了塑造人物，只要人物一经塑成，小说就可以收场了。能用速写的，决不用短篇；能用短篇的，决不用中长篇。看看鲁迅的短篇小说，几千字的很多，《一件小事》不过八百多字，契诃夫和莫泊桑的许多短篇也在几千字之内。《万卡》有多少字？《项链》有多少字？不是名传千古吗？以长篇来说，巴尔扎克的许多名著，屠格涅夫的许多名著，印出来都不过薄薄一本，不是都公认不朽吗？

我以为初学写作的人，最好多练一下笔，多写些速写、素描、特写、报告之类的短文。短篇小说最好写得短一些，尽量把不必要的字、句、段删去，毫不可惜，要敢于和自己过不去。至于长篇，多卷长篇，还是不着急去写的好。长篇一陷进去，千头万绪，很难掌握，搞得筋疲力尽，未必能成器。至于写多卷的长篇，甚至写史诗式的历史长卷，还是让有本事的大家去搞吧。

七、放一放，不要急于发表

创作是十分严肃而艰苦的劳动，然而也是富于诱惑力的事业。"作家"这个头衔可以是一顶光荣的桂冠，也可以是一个深邃的陷阱，如果你不正确对待的话。

不要急于求名，不要急于发表。不仅不要看到一点就写，不仅不要写不出来的时候硬写，不仅要把作品中可有可无的字、句、段毫不可惜地删去——像鲁迅说的那样，还要有否定自己的作品的勇气，以至否定自己当作家的勇气。把写的作品放下来，半年一载，忘掉它，只顾自己去认真地工作和生活；又不忘掉它，隔些日子，拿出来再看一看，想一想，改一改，什么时候觉得改得差不多了，再拿出来请人看看。——我记得这好像是作家茅盾的经验谈。我受益不浅。

我有一个并不想强迫人同意的做法。我发过誓愿，没有写到五十至一百万字的习作，不开始发表。开始发表作品后，能争取三篇中有一篇值得修改就算不错，而每篇的修改，不要少于三遍，每一遍都是自己连抄带改，不请人代抄。那种灵机一动，一挥而就，略加润色，便成绝唱的幸运，我一次也没有碰到过。至于那种本人口述，别人代笔，自己修改一下便定稿的做法，甚至利用录音机之类的现代化工具口授录下，秘书整理成书，自己过目定稿的大规模快速生产办法，简直是我不能想象的事。

八、先有人物？先有故事？

通常的说法，构思一篇小说，必定是先有人物性格，后结构故事情节，这自然只是大概的说法，事实上人物性格和故事情节总是不可分的。情节是性格的历史，故事是为塑造人物所用的。

但是不知怎么的，我却往往是在自己的脑子里出现了一个比较好的故事，这种故事一般是在我过去的生活中积累起来，埋在脑子底层，一个偶然的触发，往事历历出现在我的眼前，我感觉很有点意思，有点趣味，想把它写下来。于是在不眠的深夜中，长期积累在我的脑子里的许多人物，便纷纷跑了出来，站在我的面前，要求在我想好的故事中扮演一个角色，催促我，压迫我，要我导演，呼吁他们的生存权利，闹得不可开交。于是我把这些熟悉的人物编列到我的故事中去，开始着手来写。但是真写起来，那些人物却并不服从我的调度，而按他们的性格发展行动起来，我想拗着按我原来结构好的故事叫他们扮演下去，也不可能了。我只好按这些活了的人物来写，以至我成为他们的奴仆，成为他们性格和生活的记录人。

表面看来，我好像和通常说的不一样，是先有一个好的故事，再找人物，然后由人物扮演故事。我把这种奇怪的现象向前辈作家邵荃麟同志请教，他思考以后，回答我说："其实你仍然是先有人物，再结构故事的，只是因为你的生活积累比较丰富（在座的著名文艺评论家侯金镜同志开玩笑似的插话说：'你的脑子里看来有一个生活的富矿，你是不应该拒绝我们开发的。'），在你的脑子里积累的精彩人物形象很多，而你又无意把他们写出来，让他们在你的脑子里长期沉睡了。可是当你什么时候，一个偶然的机缘，触发了你的回忆，那些过去年代的斗争生活，那些奇妙的故事，那些生动的人物便涌现出来，要求你把他们写出来。于是就出来了这样的事：在你的不眠之夜里，这些人物纷纷出现在你的眼前，要求在你的生动故事中扮演角色。这正说明你的生活积累够丰富了，你的人物酝酿成熟了，是到了应该进入创作过程的时候了。只要人物在你的脑子里是活的，他们一行动起来，故事情节俯拾即是。而且这些人物的活动，未必受你的预想的限制了。"

我之所以要说这一段往事，是想说明，要搞创作，生活积累是第一义的，生活贫乏，人物苍白，想凭一点道听途说或闭门编造的故事，便想动手写作品，往往是不会成功的。

九、虚构还是实构？

任何小说作品都不可能按生活原型做自然主义的描写，必须服从塑造典型的原则，进行必要的虚构。所谓虚构，就是在你的现实生活中不一定有，但必须是可能有的，而且是人物性格发展所必要的。因此，虚构不是作者可以随心所欲，向壁虚造的，而是为了再现典型环境中的典型人物所必要的。是事有必至，理有固然的。从这个意义上说，所谓虚构，实是实构，是在小说中具体存在的。

写小说的人大概都有这样的经验，当你的人物跃然纸上的时候，他们就会自动选取必要的情节，照他们的性格冲突自然地发展下去，不照作者事先构想的发展下去了。你本来要他死的，他却偏偏活了出来。苏联著名小说《毁灭》中的美谛克，据作者卡达耶夫说，结局便不是他原来设想的那样。这样的虚构叫人读起来，并不感觉是虚假的，而是真实的。可见每一篇小说都少不了虚构，但虚构些什么，必须按照塑造典型人物的规律办事，不能任意虚造。合乎规律而虚构的，读者读起来毫不感到虚假，而是真实可信的。不合这种规律而虚构的，读者读起来，便感到不真实，不可信。

十、要不要拟创作提纲？

别人怎么样，我不知道，我在写作时，特别是写中长篇小说时，是一定要拟好创作提纲才动笔的。我的做法是这样：

首先写人物小传。把小说中人物的历史、性格、言行、癖好等，不管小说中用得上用不上，都简明地写了出来。特别是主要人物性格表现，个性癖味，很富有代表性的语言，典型性的生活细节，一定要写进小传里去。如果这些人物是烂熟于胸，真叫呼之欲出，写小传并不困难。我以为写人物小传十分要紧，是创作成败的关键。如果小传写不出来，那就证明你对这个人物并未深刻认识，并非烂熟于胸，就是没有酝酿成熟，那就还不应该进入创作过程。我写小传时，本来是为长篇准备的，结果几乎写成为塑造一个人物的短篇小说。事实上我就曾经在刊物编辑部催索稿件，无以应命时，把我为一个长篇写的人物小传，加以改写，成为《老三姐》《小交通员》等短篇小说了。

创作提纲中第二件要办的是写"人物关系表"，也就是小说中这个人物和那个人物之间的关系，他们之间的家庭关系、社会关系、政治关系等，也就是他们之间的矛盾和纠葛。这事实上就出现了小说中的一些精彩的情节了。

然后我就写故事情节和小说的结构提要。结构给小说搭起了架子，又好像是给人物搭起了台子，于是人物可以在这个台子上，按照性格冲突的推演，扮演出一出一出的或威武雄壮或缠绵悱恻的悲喜剧来。

这个时候，你的精神可能极度兴奋，你为你的人物性格所激动，几乎和他们打成一片，他悲亦悲，他喜亦喜。这时你可以开始写作了。一开了头，最好就不受外事干扰，找一个清静的环境，一气写下去。能一气呵成最好，直到你筋疲力尽，文思枯竭，下笔滞涩为止。我在奋笔疾书中，有过被打断的痛苦经验。写得正带劲，有外事干扰，从此放下，几个月、一年两年再也拿不起笔来继续写下去，勉强再提笔来写，也觉生涩，难以为继，有的小说从此夭折了。

我有了写作提纲，写起来以后是否照提纲写下去？大体一样，很多不一样，有时完全走了样。当人物活起来了，他会按他的性格行动，我无法强迫他就范，不仅情节有许多变动，甚至人物性格在冲突的发展中也发生了变化，甚至原来考虑的主题也发生了变化，以致面目全非。我以为这并非坏事，不可强求，"强扭的瓜不甜"，还是顺乎情，合乎理，因势利导地写下去吧。在三番几次修改时，还可能有很大的变化，全部推翻了重写也是常事，或者改来改去，不成样子，于是放弃了。

在动手写小说时，我以为最难的是开头。有人说开好了头，便算写成了一半。开头就是难，这样写不是，那样写不是；从这里开头不行，从那里开头不行；从这个人物写起不行，从那个人物写起不行，稿纸撕了多少张，还是茫然无计。听说托尔斯泰写《复活》时，开了二十几遍头，还没有拿定主意。后来果然写出了那么一个非常漂亮的开头。所以不要怕开头多遍，劳而无功，这正是你突破前的必然过程，一定要坚持写下去，十次二十次，锲而不舍，也许忽然有一次越写越带劲，文思如潮涌，像放开了闸门，一发而不可止，这样就写开了头了。当然，也许定稿时，还要改写。

我写小说就是用这样很没有才气的刻板办法，未必可以借鉴。我知道有的作家才华横溢，并不写什么提纲，只要想好了，激动了，提笔就写了，一气呵成，斐然成章。我也这样试图省事地写过，就是不行。心中无数，越写越乱，不能卒篇。我总还要写一个哪怕很粗疏的大纲后，才开笔写起来。这就证明我缺乏才华，无大出息的。

十一、文学是语言的艺术

文学是语言的艺术，一篇小说的成败决定于人物塑造的好坏，而人物是用文学语言来塑造的，正如高楼大厦是由钢筋水泥、砖瓦木石建造起来的一样。如果建筑材料很粗劣，建筑物即使建成，也不适用和美观。文学语言粗劣，文字没有光彩，人物也不会有光彩，读来会索然无味。

文学语言是从生活中汲取而又加以锤炼而成的。如果不去长期深入生活，不和群众交朋友，群众不和你说知心话，就无法学到群众生动活泼的语言，知识分子腔是干瘪无味的。我们读一些名著，总为其语言的生动和精巧而惊叹，真如亲临其事，亲见其人，亲闻其声。有的一句很富于特征的话，便把这个人物树立起来了；很复杂的场面，三言两语就描写好了。这种功夫只有深入群众，留心语言，并且反复练习才行。我以为随身带上一个本本，留心别人说话，把精彩的语言记下来。平时多看多写，记日记写信，搞速写和素描，写一般风光，一个场景，一个人物肖像，抒一段感情，都抱着严肃的态度，业余从事，磨炼自己的文字表达能力，这是一个作家的起码的要求。有的初学写作者，连文字都不通，就想一鸣惊人，从事鸿篇巨制，是不足取的。至于要磨炼出自己别具一格的语言特色，就更不是一蹴而就的事了。

十二、中国作风与中国气派

　　现在写小说的格式，一般是从西方传来的。着重刻画人物性格，注意细致的心理描写，以及结构的紧凑，文字的简练，都是可以取法的。但是我总特别喜爱我国的古典小说，喜欢为中国老百姓所喜闻乐见的中国作风和中国气派。而且我在学习写作品时，总想追求一种独特的民族风格。什么叫中国的作风和气派，我说不上来。但是我着力在追求什么风格，别人读我的作品时给我肯定的是什么，我是思考过的。并且把它归纳成以下的几句话，写在我的创作笔记本上，以之勉励自己，想努力去追求一种特别的风格。这几句话是：

> 白描淡写，流利晓畅的语言；
> 委婉有致，引人入胜的情节；
> 鲜明突出，跃然纸上的形象；
> 乐观开朗，生气蓬勃的性格。
> 曲折而不隐晦，
> 神奇而不古怪，
> 幽默而不滑稽，
> 讽刺而不谩骂，
> 通俗而不鄙陋。

十三、起点、顶点、终点

我当然看到了大量的文学创作的后起之秀，初露头角后，决不自骄自满，而是更加刻苦努力，因而一篇又一篇、一本又一本地向人民贡献自己的作品，向显露创作才华的文艺高峰攀登。然而我也还见到有的青年发表了很有水平的第一篇短篇小说或第一部长篇小说后，再没有读到他的第二篇、第三篇短篇或第二部长篇小说。即使读到了，却是质量已不如前，甚至再没有读到他的新作了。这就是说，他有一个好的创作起点，可惜同时成为他的创作顶点，甚至成为他的创作终点。这其中自然可能有各种特别的原因。但是我是不相信世上真有"江郎才尽"的事的。江淹晚年写不出好作品来，不是他的"才尽"了，是他已安于逸乐，不再热爱生活了。如果有的青年作者发表了一篇作品，一举成名，便停步不前，再不想深入生活，更加艰苦锻炼，不是把自己放在长跑路上的起点上，而是站在顶点上，甚至在风头上飘飘然起来，这便到达他的创作终点了，这是非常可惜的。

因此，"不要把自己的创作起点当作自己的创作顶点，甚至创作终点，要永远站在创作起点上，再接再厉，勇往直前"！我愿意把这一句话用来和踏上文学创作这个艰苦行程的初学写作的青年同志们共勉，并作为本文的结束语。

（原载《文学通讯》1980 年第 1 期）

说 情 节 *

章林义同志：

《四川文学》编辑部转来你的信，我读过了。你对我的作品做了不适当的赞誉，我不能接受，但是你谈到我的作品"差不多都有一个比较完整的故事"，"情节曲折"，"有传奇色彩"，这倒真的发现我写作品的一种尝试，一种倾向。你还认为"一篇作品的故事性强是惹人喜欢的"，并为你在写作中故事平淡而"苦恼"，你为"追求故事性""真是为难"了，要我谈谈结构故事、安排情节的经验。然而这却也使我"真是为难"了。

告诉你，我直到现在不过是一个业余作家。我的年纪虽然很大，从事文艺创作的时间却不长，可以说是一个"长胡子的文艺新兵"吧。我对于文艺理论很少研究，一篇小说如何结构故事、安排情节，其实说不出一个名堂来。现在《四川文学》编辑部一定要我"抽空对这封信作一答复"，我难以推却，那么勉为其难，谈一点我对情节的理解吧。

---

* 本文为马识途给读者章林义来信的回信。

我想，有一点文学常识的人都知道，情节是文学的要素之一，高尔基就把情节作为语言、主题之外的文学三大要素之一。他说："文学的第三个要素是情节，即人物之间的联系、矛盾、同情、反感和一般的相互关系，某些性格、典型的成长和构成的历史。"所以我们常说"情节是性格的历史"。恩格斯也很赞扬"莎士比亚剧作的情节的生动性和丰富性"。可见情节对于文学作品是很重要的。但是我要问你：情节到底是干什么用的？

我想你知道，文学是以形象来反映社会生活的，而文学的形象必须典型化，必须着力于刻画典型环境中的典型人物。因此典型性是文学创作的本质特征。"革命的文艺，应当根据实际生活创造出各种各样的人物来，帮助群众推动历史的前进。"毫无疑问，小说情节和故事结构都是为塑造典型人物服务的。选取什么样的情节，结构什么样的故事，都以塑造什么样的典型人物为根据，我们显然不能为情节而情节，为故事而故事。情节和故事如果不能借以深刻地刻画出人物的典型性格来，是毫无用处的。这样的作品，即使能取悦读者于一时，甚至成为畅销书，却是没有生命力的，经不起历史考验的。

小说中人物性格的发展是由许多矛盾冲突所决定的。什么样的矛盾冲突就出现什么样的人物的行动，构成什么样的事件，出现什么样的情节。事有必至，理有固然，往往不以作家的主观意志为转移。许多作家都有这样的经验，当小说中人物的性格已经形成了，故事往往不照作家开始结构的原样发展下去，而按人物性格的矛盾冲突的必然性发展下去，以至弄得和起初的设想面目全非了。可见故事情节的选择，并不是可以由作家随心所欲，为所欲为的。不能为人物性格的形成和发展服务的情节便是生编硬造的情节，这是会扭曲人物性格从而使作品失败的。

在这里，我还想强调地说，构成情节的细节是更其重要的，它是表现人物性格的根本要素。一个大的情节中如果没有许多像珍珠一般闪光的细节，不管你把情节安排得多么巧妙，人物还是缺乏光彩，形象还是不够鲜明。可以说细节是构成人物性格的细胞，是人物在特定的矛盾冲突中爆发出来的性格的火花，是故事得以推演的契机。我们阅读名著，没有不为那些闪光的细节拍案叫绝的。往往只要一个动作，几句话，有如画龙点睛，一个人物便栩栩如生地在你面前站起来了。这样的细节选择起来是并不容易的。只有对于人物的生活有透彻的了解，对于他生活的环境非常熟悉，从复杂的生活巨流中才能淘洗出这样的珍珠来。有些作品，情节安排不能说没有下功夫，但是读起来总有隔靴搔痒，雾里看花之感，这就是由于没有深入了解生活的底蕴，去捕捉和提炼出生活的真实细节来。

从这里来谈谈你的"苦恼"吧。你说在你的"写作中，故事总是显得比较平淡，没有波澜"，"就事写事，平铺直叙"。你说你曾"有意识地追求故事性，结果写出来的东西又有人说是生编硬造，不真实"。因而你为此苦恼了。我想别人的批评是正确的。因为你似乎还不理解结构故事的目的是什么，却一味去追求故事的离奇曲折。这样追求的结果，必然是挖空心思去生编硬造，必然不真实。对了，你的要害恐怕就在不真实三个字上。情节必须真实，必须是从生活中提炼出来，而不是凭空想象出来的。情节必须是合于人物性格的形成和发展，而不是歪曲性格去迁就你的"故事性"的。故事如果不表现人物，要故事何用？只要你的人物站起来了，他就会按自己的性格去独立地活动，去斗争，在人物的合理行动中出现情节。我们当然不是自然主义地有闻必录，而是去提取那些最好的表现典型性格的情节和细节，加以精炼成引人入胜的情节和光彩照人的细节来。离开生活，离开人物，编造情节，追求故事，必然事与愿违，走入歧途的。

我不同意你把在写作中的"故事平淡，没有波澜"，归罪于你"生活在工厂里，每天上班下班，接触的都是那些人和事情，好像不容易发现多少激动人心的故事"。一个作者生活面窄，创作会受到一定的限制，应该走出自己狭小的天地，到更广阔的生活中去扩大视野、汲取素材，当然是对的。但是不能说工厂里就没有多少激动人心的故事。我们正在向"四化"进军，工厂是战斗的前线，在那里有沸腾的生活，有众多的英雄人物，有尖锐复杂的斗争，从而一定有激动人心的故事。只看你是不是深入生活，参加斗争，留心各样的事物，去观察、研究、分析一切人、一切斗争。工厂里总有老中青的领导干部和技术人员，总有各种新老工人。他们都具有不同经历、不同性格、不同思想作风。他们也不是密封在车间里，经常要和广大的社会接触，和各种的人物往来。工作学习、生老病死、恋爱结婚，有矛盾和斗争，欢乐和愁苦，有个人的癖性和爱好，这里多的是激动人心的故事和人物。谁能说你的生活面就是，时间——上班八小时，空间——几十平方米的车间呢？关键在于你是不是热爱生活，深入生活，参加进生活斗争中去，在于你是不是留心你生活圈子里的一切人和事。

话还要说回来，我们写小说是为了刻画人物，反映生活，从而帮助别人认识生活，推动生活前进。选择一个激动人心的故事是必要的，但并非一定要追求离奇曲折的情节。许多老作家，比如沙汀同志，他就并不刻意追求那样的故事和情节，而是截取一个生活面，甚至通过一件小事，着力于刻画栩栩如生的典型人物。我觉得，这是更高级而难能可贵的作品，这是我们某些以故事情节取胜的作品望尘莫及的。我再重复一句，不要单纯追求故事情节，而要认真去刻画生动的典型人物。在这一目的下，去合理地选择和使用情节。

我这样说，并不是想轻视故事情节的安排，我反倒要说，古今中外许多名著，对于结构故事、安排情节都是十分讲究的。特别值得注意的，我国的古典小说和传奇，如《红楼梦》《三国演义》《水浒传》《西游记》《聊斋志异》和唐宋传奇等，都有很曲折复杂、引人入胜的故事。可以说这是我国小说的优良传统。这是我非常喜欢并且努力追求的"为中国老百姓喜闻乐见的中国作风和中国气派"。

你说对了，我写小说，比较注意情节的安排，注意故事性。生活的激流诚然是如此的玄奇，今朝风流人物诚然是如此令我激动，可是如果我还没有找到一个比较好的故事，没有引人入胜的情节，我是不大喜欢动笔的。因为一定的内容总要通过恰当的形式才能表现出来。我的这种倾向甚至发展成为个人癖好，往往用来掩盖自己描绘人物的无能，成为自己的弱点。我大概很难改变我写小说注意故事性和传奇色彩的爱好了，但我也在努力，尽量使刻画人物与使用情节浑然地结合起来。我以为中国的小说应该具有民族形式，应该有中国自己的作风和气派。我说过不奇、不险、不俏、不绝，就不成戏。我一直相信"无巧不成书"，相信"出乎意料之外，合乎情理之中"，是必然性一定要通过偶然性来表现的艺术辩证法。我正在探索和追求一种风格，一种为中国老百姓喜闻乐见的中国作风和中国气派。也许这正是你所感兴趣的东西。那么，让我们共同为总结和发扬我国固有的小说传统，为建立新的民族形式而贡献自己的一分力量吧。

（原载《四川文学》1980年第3期）

附　来信内容

马识途同志：

　　您好！

　　还在"文化大革命"前，我就喜欢读您的作品。粉碎"四人帮"后，您的长篇小说《清江壮歌》、短篇小说集《找红军》又出版了，使人很高兴。我每次读您的作品，都感到很有兴味，它们差不多都有一个比较完整的故事，情节生动曲折，十分吸引人。特别是写地下斗争的那些小说，还有浓厚的传奇色彩。

　　我觉得，一篇作品故事性强是惹人喜欢的。可是，使我苦恼的是，在我的写作中，故事总是显得比较平淡，没有波澜，周围的同志看后觉得是就事写事，平铺直叙。我生活在工厂里，每天上班下班，接触的都是那些人和事情，好像不容易发现多少激动人心的故事。我也曾经有意识地追求故事性，结果写出来的东西有人说是生编硬造，不真实，我真是为难了。究竟在作品中应该怎样结构故事，安排情节才好呢？怎样写才能写出精彩吸引人的故事、生动曲折的情节，又合情合理呢？殷切地盼望您能在百忙中抽空给我以具体的指教，期待着您的回信。

致以

衷心的敬礼！

读者：章林义

1979 年 12 月 1 日

我追求中国作风和中国气派

我在写小说的时候追求一种风格，我自以为这便是"中国老百姓所喜闻乐见的中国作风和中国气派"了。

我写小说，自然也从西方的文学大师和我国前辈作家的鸿篇巨制中吸取营养，也常常为他们能那么寥寥几笔便把人物刻画得栩栩如生惊叹不已，而为自己费尽笔墨，人物还是描绘得像雾里花一样而生气。但是，如果有人问我，对我影响最大的是哪些作家和什么作品时，我却毋宁说是那些长年漂泊的民间说书人和中国的古典小说，特别是那些经过古代坊间说书人反复锤炼然后被作家整理成书的古典小说和传奇故事。这些民间的无名作家才是我主要的良师益友，中国的古典小说和传奇才是我主要的学习榜样。

为什么会是这样，这要从我幼年时代的文化生活说起。

我的幼年是在一个很不开通的偏僻农村里度过的。在那里，当然没有机会享受一切城市的文化生活，从来没有听过戏，看过电影，连那背着破烂衣箱，牵一只干瘦小猴子和一条癞皮狗耍猴戏的人，也只偶尔在乡场上才看得见，还要忍受十几里山路的奔波，才有机会看到那个穿着红色短褂的可怜的猴子，在主人鞭子的威胁和干果的利诱下，战战兢兢地骑上狗背的狼狈样子，人们从这里博取残忍的一笑。至于逢年过节的夜晚，只要听说山村里的业余川剧爱好者要"打围鼓"，就是不吃晚饭，也要打起火把跑十几里路去那破烂的观音阁里通夜站着，欣赏那震耳欲聋的咚咚咣咣的大鼓大锣声和那干燥得像拉锯声的高腔。然而最使我着迷的，却是那些走乡串院长年流落在外的说书人。

那时有一种叫作"讲圣谕"的后来叫作"说善书"的人，他的地位明明和我们乡下这些泥巴脚杆差不多，其实不过是稍高于"打莲花落"的讨口子的文明乞讨者，却喜欢戴一顶三家村老学究的红顶瓜皮帽，穿上一件真叫作捉襟见肘的褪了色的老蓝布大褂，以表示他到底比这些种田下力人文明一等，因为他是肩负着皇帝的神圣使命，到乡下来宣讲"最高指示"的嘛。你看他装模作样地在供桌上供上"吾皇万岁万岁万万岁"的神牌，然后点上香烛，恭敬地叩三个头，才坐上高凳，在供桌上摆开线装的话本，一面用手指沾点口水翻着书页，一面用一块"惊木"在桌上轻轻拍打，开讲起来。他讲的都是劝善惩恶的因果报应故事。那故事都是那么曲折离奇、生动有趣，总是恶人逞凶、好人受苦，生离死别、百般辛酸，最后不是奉了圣谕，便是遇了清官，好人得救，恶人得报。或者人间无处讲理，便由天神、雷公、鬼怪出来伸张正义，把恶人惩治，揪他到阴间去讲理，下油锅，上刀山，受轮回之苦。这些内容且不管它，使我折服的是他那说书的本领，总是那么委婉有致，引人入胜，语言是那么通俗生动，白描淡写，几句话便传了神。

夏天的夜晚，乘凉时候，我看到他一下把这些泥巴脚杆和农妇小人（四川方言，指小孩子），从周围十几里的地方吸引了来，一个个张着眼睛，咧开大嘴，聚精会神地听着。真是鸦雀无声，只听到树叶摇动和挥蒲扇赶蚊虫的声音。讲到辛酸处，赢得了多少眼泪和叹息；讲到报应到来，又引来多少欢呼和笑颜。以至我们这些不知趣的少年想去搞点小动作，也受到听众们谴责的眼光的禁止，不敢动弹，后来也一样被那故事吸引去了。

然而比说善书更叫我着迷的是到乡下来说评书的、"讲古"的、"摆龙门阵"的。他们没有说善书的那么古板，讲的故事也更加生动活泼，更加曲折复杂，更加神奇美妙，更加乐观诙谐，大半是取材于《三国演义》《水浒传》《西游记》《东周列国志》，还有取自《今古奇观》和《聊斋志异》的。但是他们并不照本宣读，而是针对听众，该简就简，该繁就繁，经过心裁的。他们总欢喜在开讲头上说一个小故事或本地的奇闻，叫作"入话"，然后引入正文。他们说的时候，总是那么绘影形声，好似书中人就站在你面前，在那里活动和讲话，活生生的。他们从来不像西方文学那样静止地琐细地描写风景，那么大段地纤细地刻画人物的心理和性格。他们说风景总是在人物活动和故事进展中，渲染几句，便有一幅背景画立在面前了。他们描绘人物性格也总是在人物的活动中，在人物对话中，在性格冲突和斗争中，采取白描淡写的方法，人物生动，笔墨干净。其实这比用华丽的辞藻、精致的描绘要困难得多。他们十分讲究人物音容笑貌、行为气质的描写，十分注意细节的刻画。需要交代的过场往往是用"一笔带过""这且不表"来处理。他们所使用的语言都是本地老百姓通俗的语言，但却并不庸俗和鄙陋。一句方言口语，十分传神，心领神会，妙不可言。他们欢喜用夸张的手法，还时常夹点小幽默。特别是他发觉有点冷场的时候，很会现场取材，即景生情，说几句幽默话，往往妙趣横生，振作精神。他们说书在故事情节的安排上，力求曲折神奇，扑朔迷离，神龙见首不见尾，决不让你一览无余。在结构上虽然有头有尾，却不平铺直叙，有时前后颠倒，有时左右穿插。至于"扣子"和"包袱"更是他们讲究的。他们说的总是一扣压一扣，不给你解开；包袱丢了一个又背上一个，不给你打开。总是一波未平，一波又起，他们讲到紧要处，比如正在危难中，前面来了一个人，他忽然说："来者何人，放下暂且不表。"又从另外一个情节开头了。他讲到刀都举起来了，接着却说："一刀砍下，吉凶如何，且听下回分解。"叫你回去，明晚再来。总叫你回去吃不下，睡不着就是了。这种巧妙铺排，真叫我入了迷了。我念念不忘这些故事，也在小同学中或在放牛场上给小伙伴们讲，但是总讲不好。我就去找那些师傅们请教。有一个师傅说的，我至今没有忘记。他说，好比引人游山观景，总不能只是平原大坝，一览无余。总要引他到小桥流水、曲径通幽的去处，一时异峰突起，一时波澜壮阔，一时山穷水尽，一时柳暗花明，这才有个看头。后来在我们乡下，还有演皮灯影戏的，这便是我们的"电影"了。除开《西游记》那九九八十一难的故事吸引了我外，我特别喜欢皮影形象的古拙和夸张，神态活现。从此我知道删繁就简，去芜存菁，抓住特点着力夸张的妙处。

我稍长大，有了一点可怜的阅读能力，便去把那些著名的古典小说搜罗了来，都是一些带着绣像的石印小字本，我如获至宝，废寝忘食地读了起来。大人不让看，便夜深躲在帐子里点着油灯看，差点把帐子点着，引起火灾。午睡时还钻进被单里偷看。我才明白，那些说书的原来是继承了古代小说家和说书人的长处，形成了为老百姓喜闻乐见的特别风格。我以为要给中国老百姓写书的话，就要继承这样的风格。

解放以后，由于偶然的机缘，我开始写起小说来，而且一发而不可止，由一个长胡子的文艺新兵，变成一个作家了。据说一个作家总要有自己独创的风格，那么我追求什么样的风格呢？我忽然想起我幼年时代的那些无名师傅来。他们继承了我国的小说传统，形成独特的中国气派和中国作风，为老百姓喜闻乐见。我要当作家，还去追求什么别的风格呢？我又有什么本事追求别的什么风格呢？于是我便用摆龙门阵的方法写起我的小说来，尽量把民间艺人的长处，吸收到我的作品里去，甚至我乐意把我写的某些革命斗争故事叫作"新评书"或者"新传奇"。我这样做，当然也不是立意要抱残守缺，故步自封，只匍匐在民间艺人和旧小说的面前，依样画葫芦。我当然也尽力吸取西方小说和我国现代小说的长处。

经过二十几年的努力，我不能说我已经开始形成自己的风格，更不能说我已经找到了为中国老百姓喜闻乐见的中国作风和中国气派，但是我到底找到了自己努力的方向和追求的风格，这便是我在文章开头写的那几句话。

使我高兴的是，我的努力受到中国作家协会书记处的同志，特别是邵荃麟同志和侯金镜同志的关心，多次给我鼓励和指教。还有许多读者给我来信，也给我以鼓励。他们除指出我的缺点外，都肯定我努力的方向是正确的。比如喜欢用白描淡写的手法，故事力求引人入胜，人物多有风趣，乐观而诙谐，还有含蓄的幽默和讽刺，四川方言的提炼运用等。这些都是对我的最大鼓舞和鞭策，使我找到了我的文学生涯的前进道路。我一定要努力追求我们的民族形式，要和更多的同时代的作家共同努力，在开拓为中国老百姓喜闻乐见的中国气派和中国作风的文学道路上前进。

（选自《文学回忆与思考（1949—1979）》，
人民文学出版社 1980 年版）

现实主义管见

　　现实主义虽然要随时代的发展而进行改革和发展，但并不如某些人说的已经过时了，行将就木了。我以为现实主义并没有过时，仍然富有生命力。现实主义是一种创作方法，有创作就有各种创作方法，有各种创作方法就有现实主义创作方法，怎么可以说各种创作方法都可以存在，唯独现实主义就命该灭亡呢？这不是很荒唐吗？历史的事实偏偏却是著名的伟大作品，基本上都是现实主义的产品。古今中外，概莫能外。

　　当然，出现这样的奇谈怪论，并不奇怪。这是一种历史的逆反心理造成的，也可以说是我们合该忍受的惩罚。我们过去使现实主义独霸天下的做法，显然是从苏联学来的、其实并不高明的做法。还有，我们在现实主义上附加了许多不必要的外加因素，这种因素有的对于繁荣创作，不一定有利。把这种被扭曲了的现实主义当作正宗的现实主义，大肆推行，只此一家，不准背离，百花齐放成为空话，引起一些作家反感，是可以理解的。

　　但是不能走到另外一个极端，硬要把现实主义送进棺材才痛快，这不同样是一种偏执狂吗？我以为在创作方法上还是百花齐放好，让各种创作方法同时存在，相得益彰，互相竞争，取长补短。现代主义和新潮各派，都可以各展奇彩，百花争艳，这才像一个繁荣的文学花园。中国的现代主义和新潮诸流派，似乎没有外国那么红火过和有较长的生命力，许多都是才见揭橥，已见卷旗。还来不及看到一些代表作品，却已如昙花一现，销声匿迹了。在外国发展了几百年的各种流派和"主义"，在我国几乎几年之内都弄过来推销过，都不很成功。也许我们的读者文化水平低，但是不是自己也有不适应的地方呢？或者本意就在赶时髦，打旗号，开山门，连那种主义的原文书也没有读过的。我以为大家还可以进行各种试验，但是要认真，要执着，不要朝三暮四，浅尝即止。

至于现实主义，现在正在进行反思，进行各种改革的尝试。我以为在"新潮派"之后出现的"新写实""新体验""新历史""新都市""新状态"等主义的小说，本质上都是现实主义的衍化，是现实主义的改革尝试。各有所长，各有所短。

比如某些"新写实主义"作品的所谓"零度感情"，缺乏社会理想，道德追求，更无社会主义崇高思想的光照。行文有的流于琐碎苍白，过于自然主义，连西方的自然主义也差得远。有的作品没有思想的启发，只有落后、野蛮、荒唐的现实生活展览，是其大不足处。

"新历史小说"使文本努力接近于历史真实，对历史进行自己的阐释。但对历史缺乏历史唯物主义观点的指导，就不免有片面的解释，不再是"历史主义"的，而是以历史来解释自己的观点和倾向，自然就不够历史的典型性了。

"新体验小说"深入一般平凡人的生活，把"客观的纪实和主观的体验相结合"。这想法倒好，但是不同的人有不同的主观观点，其体验的结果因人而异。水平高下，挖掘深度，各不相同。有时不能不流于主观臆想，离现实远了。

至于"新都市小说"，其实不新，都市小说或市民小说，过去就有，是都市生活的百态描绘。张恨水对此种小说有成就。现在写的这种都市小说大多是都市高层人士、大款大腕和新兴资产者们的生活，无非是尔虞我诈，悲离欢合，卿卿我我，酒楼饭店，床头车上，寻欢作乐。这些不是不可以写，但是都市中更广大的群众，几乎不存在了，然而这些普通人才是都市生活的主体，是历史的真正推动者。美国也还认为 common people 是都市的主体呢。

"新状态小说"出现还不久，旗号有了，好像还没有看到有什么代表性的作品。以上种种，我以为都可算是现实主义的新发展。有的人不以为然，我却以为应鼓励试验改进，能够在中国出现基本上属于现实主义的新的各种流派，与其他各种流派或"主义"比如浪漫主义、现代主义等等，争奇斗妍，真正出现一个百花齐放的繁荣景象，该是多好呀。

这是我对于现实主义的一孔之见，只供参考。

（写作于 1980 年 1 月 27 日）

文学的目的

——真善美：记一次和艾芜老人的谈话

　　有一次我和著名作家艾芜老人闲谈，说到文学到底有没有目的，如果有，那是什么？

　　艾芜老人说，他一生都在思考这个问题。他一生创作，一直在追求一个目的；他一生为人，也一直在追求一个目的。这个目的，一言以蔽之，就是追求真善美。真善美是文学创作的极致，是人生的最高境界，真善美就是人类的终极目的，就是回归到人的本性。

　　人类不断进步，就是向人类这个终极目的，向真善美的人类世界前进。也许永远达不到，却一直在追求，这就是人之所以异于禽兽的根本区别。

　　但是，人以至整个人类，自从出现阶级以来，在不断进化的同时，也不断地在异化，就是脱离人的本性，异化为兽性、兽道。而人从本质上说，又是不断地和这种兽性、兽道进行斗争，以期回到人的本性。这种斗争，促进了人类的进步。

　　因此文学作为人的意识形态，自然就是以人的异化和反异化作为描述的对象，以反对异化，反对假恶丑，追求真善美，作为文学

1984 年 9 月，张秀熟九十岁生日时合影。左起：马识途、艾芜、沙汀、张秀熟、李致

的终极目的，作为文学家的追求目的。真善美的境界就是人生的最高境界，也是文学的终极追求，是文学高低的评判标准。

所谓人生的价值，是人在处理与外部的关系中实现的。大概有三种关系：第一，认识关系，其实质在于求真；第二，价值关系，在于求善；第三，审美关系，在于求美。人类为求进步，总希望达到求真的知识境界，求善的道德境界和求美的审美境界。全部人类的历史就是一部力求掌握至真以实现至善，从而达到至美的境界的历史。

文学并不刻意去表现和描写这种异化和反异化的斗争，不在创作中阐释哲学命题，使之成为劝善的道德经，它是以美的形式来表现现实，以形象来描绘人的生活的。作家只要在作品中不断地追求人性美，追求人道美，在美中自然就涵盖了真与善。这也许就是文学的功能，如果说文学真要有功能的话。

以上就是我和艾芜老人谈文学的目的时交换的意见。总的思路是艾老提出来而由我加以表述的。最后艾老与我相约，我们无须向人做理论的表白，努力在自己的作品中表现吧。

现在公之于作家，如能从中悟出一点道理来，也许是文学之福。

要重视通俗文学

这几年来，在我国出现了一股低级庸俗读物充斥市场的逆流。一时街头巷尾，车站码头，茶楼酒肆，到处兜售这种宣扬色情、凶杀、斗殴的下流书刊。这才是真正的精神污染，虽经政府几度采取行政措施，以至使用专政手段，断然查禁，但是至今似乎查而不绝，禁而未止。大家都为这种精神垃圾不能清除而担忧。

为什么社会主义的我国会出现这样的文化现象？有人说这是在开放改革、发展商品经济的过程中，某些文化商人投机骗钱的缘故；有人说这是由于海禁一开，台港的庸俗读物偷入大陆，大家乘机仿效的结果；还有人说是在"文化大革命"之后，民族文化水平低落，新一代青年只能欣赏这种精神产品，如此等等。也许都可以言之成理吧。但是我在这里从我们文学的角度提出一个值得思考的问题，即我们以向群众提供精神粮食为职责的文学家们，是不是真正完美地向他们提供了充足的、为他们所欢迎的精神粮食？

我不否认近十年来，作为文学正宗的雅文学取得了很大的成绩。我也以为在文学创作上应该努力探索新的形式，表现新的思想。但是却也出现了一种远离生活、脱离群众的现象。有的作家一心只想超凡脱俗，成仙成道，去攀登那虚无缥缈的艺术高峰，俯视下界患了精神饥渴症嗷嗷待哺的"下里巴人"，慨然不顾，这种倾向如果形成时髦，势必造成作家与人民之间的鸿沟。作家如果抛弃人民，人民自然有理由抛弃作家，那就是不买你的账。于是一些雅文学刊物销路日蹙，几乎要"雅"不下去，以至有的提出"以俗养雅"的对策来。

另一方面，我们本来就有"文以载道"的传统，要求一切文学作品追求政治效果，从来不容许或不重视娱乐性和消遣性的文学作品的存在。过去那些满纸公然或隐然说教的"劝世文"，如果在强力推行之下还一时行得通的话，现在的读者却头脑清醒得多，不理会灌输的那一套了。现在是商品经济，他们花钱只买他们喜欢读的书刊。

看看，过于高雅的文学作品，他们读不懂，政治说教的文学作品他们不想读。然而任何人都需要文化享受，需要精神食粮。而且在他们劳动之余，需要娱乐和休息，以恢复体力。再没有人愿意去干那种"一天等于二十五小时"的傻事了。他们在看戏、听音乐、看电影电视、打球、下棋、打牌、进行体育活动，旅游、跳舞之外，还想在公余之暇，旅游途中，阅读一些轻松愉快的文学书刊，即所谓"软性读物"。这样的需求，不仅那些凡夫俗子、市井小民有，就是那些政治家、企业家、科学家等所谓精英人物，何尝就没有？如果作家只能给他们提供"硬性读物"或"未来文学"，他们便宁肯去寻求低档次然而又对他们味儿的读物。可以说，充斥市场的那些庸俗读物，以至那些必须取消的精神鸦片，就是在这样的文化背景下，大走红运的。

幸喜这时有一些有心者，包括一些作家，在汹汹洪流面前，并没有躲进象牙之塔，或远遁山林，而是面对"下里巴人"精神饥渴的现实，创作一些合于他们阅读能力和欣赏能力的作品，也就是大家说的"通俗文学""传奇文学"之类。或许，这些作品的艺术水平是不高的，这些作家也难登入文学殿堂，然而，他们正干着严肃的工作，抵制了庸俗读物，甚至维护了雅文学。而且现在开始为文学界一部分人所注目，在《人民日报》上辟了讨论通俗文学的专栏了。

然而我觉得还很不够。虽然这种通俗文学书刊事实上在和庸俗读物竞争，占领了相当大的读者市场，社会效益和经济效益多是好的，但是在雅文学的殿堂里似乎还没有他们应有的地位，那些作家似乎还被人"打入另册"。他们的事业亟须支持和指教，他们的作品亟须提高其艺术水平，许多成功和失败的经验应该进行总结，许多通俗文学理论应该进行研究。特别重要的是很希望有一批雅文学的作家，与他们为伍，以更好的艺术表现能力，创作出大批为中国老百姓喜闻乐见的通俗作品。说实在的，就是有本事的作家，要写出像老舍、张恨水和海外某些消遣性流行小说作家的同样水平的作品，并不是一件容易的事。不仅要放下架子，而且要重新学习。更重要的我以为在文学界要树立一种思想：不要小视通俗文学。这便是我所呼吁的主旨。

（发表于《写作》1988 年第 10 期）

和青年朋友谈读书

《青少年与社会研究》编辑部要我谈点什么，盛情难却，我就来谈一谈书的问题吧。

先说一说，读书是为什么？

你们会说，当然是为了学习知识，增长才干。不错，但是学习知识，增长才干，又是为了什么？那回答可就不一样了。有的人说，为了报效祖国，服务人民嘛。对，有的人真是言行一致，学成报国，为人民服务，做无私奉献；也有的人公私兼顾，为国家也为自己；还有的人表面为国为民，骨子里为家为己。现在更有的人思想"解放"，信奉"人不为己，天诛地灭"的哲学，赤裸裸地宣称他的行为准则就是追名逐利。那么，我们读书究竟为了什么？这是每一个读书的人，必须思考并且用自己的实践来回答的。

我是读书人，关于读书为了什么，曾经经历过不同的回答过程。

小时候读私塾，教我们的老夫子开宗明义地教导我们，读书就是为了求取功名，光宗耀祖。我信了这个，并且发愤攻读那些"子曰""诗云"的书，希望将来能求得一官半职，成为人上人。在中学的时候，我听信了老师的读书救国论，相信中国积弱都因工业落后，要发愤读好数理化，将来以工业救国，而且也相信"学好数理化，走遍天下都不怕"的道理。但是我的数理化还没有学好，工业救国的美梦却被日本侵略者的炮声打破了。我才知道不打倒日本侵略者和一切反动派，中国人民是翻不了身的，个人也没有出路。于是我读书的目的，就改变成为中国人民的解放，为中国的革命了。于是我学以致用，废寝忘食地读讲革命道理的书，并且义无反顾地去参加革命斗争。为中国人民的解放，尽了自己的一分力量，达到了我读书的目的。

　　可见一个人读书目的明确了，读起来就非常专心，非常努力，可收事半功倍之效。我以为，现在的青少年，特别是学生，如果把自己读书的目的，明确为建设社会主义祖国，并且选择好自己最喜欢，将来最能发挥才干的学科，钻进去锲而不舍地学习下去，并且去参加建设祖国的社会实践，持之以恒，必有成效。

再谈谈读什么书

　　如果你是学生，当然首先要读好学校安排的一切功课，特别要紧的是要把打基础的功课学扎实，万丈高楼平地起嘛。但与此同时，还要多读一些更生动更具体的参考书和课外读物。特别是学文科，又特别是学文学专业的，更需要读大量的课外读物。中外许多作家，并非出于文学科班，而是有了丰富的社会经验，同时又大量地阅读文学作品，勤奋地坚持写作练习，才终于成功的。这就是"熟读唐诗三百首，不会作诗也会吟"的道理。而且我以为，读文科的人一定要读一点理工科的书籍，同理，读理工科的人也一定要读一些文科的书籍。

如果你是在业的青年，自然首先应该多读与你业务有关的书籍，和新技术新信息的业务有关的参考材料，不抓紧时间多读点书，很快你就会落后于时代潮流，办不好事，被人瞧不起，老话叫请你"高就"，时髦话叫"炒你鱿鱼"。你要是做生意，说不定在汹汹市场中被人打倒，你的生意就变成没有"生意"了。当然，除开读业务书外，还应该养成习惯，每天抽时间读一些各方面的书籍杂志，这对于扩大你的视野，增长见识，大有好处，为开拓你的业务提供帮助。我发现，现在许多从事业务工作的青年，特别是做生意的青年，不再喜欢读书，这实在是一个大缺点。一个国家，没有文化，是要挨打的，一个人没有文化，事业上不可能获得很大成功。

最后说到怎么读书，那可是各有千秋。言人人殊，不可一概而论。我在这里只说说我读书的习惯。我通常是拿到一本书后，先看内容简介和序言、后记，了解这本书能够给我些什么，再翻看一下目录，看有些什么内容。然后先从头读它一章，或者随便选择一章读读看看。读得下去，我就从头到尾通读一遍。如果我觉得好，就再读一遍，或者再读其中的某些章节。如果感到很有味，我就要精读全书或者其中一部分了。既然是精读，就要做笔记，写心得，甚至写评论文章了。当然，别人有关这本书的介绍和评论文章，也要找来读一读。

这是我的读书习惯。不过近来我发现，我这个习惯有些不适应了。有的书光看那封面、书名、简介、内容提要和目录，以至序言和后记，是很吸引人的，说得玄而又玄，妙而又妙。但是拿起书来读时，发现有的书硬是读不下去，不得不丢下。有的书耐着性子硬着头皮读完了，才知道其实没有多少干货。有的书似曾相识，原来是东抄西摘，七拼八凑，鸡零狗碎的杂拌儿；有的书看起来道貌岸然，故作深奥，其实不过是从外国去"倒"来的歪货，只是改头换面，加点佐料，贴上"中国造"标签罢了；有的书是编造惊人的材料，用哗众取宠的语言，花里胡哨的外表来糊弄人。至于文法不通，词语混乱，别字连篇，却冒充为指导青年的读物，也并非少见。还有些并非读书人，也不是编书的内行，却打起吓人的招牌，骗取名家的作品、自传、签名、照片等，依靠剪刀糨糊，编出各种名目的皇皇巨著来，既以沽名，又以赚钱，竟还大登广告，说经销多少册，就可以列名编委或副主编这样的海内奇闻。这些人钱迷心窍，哪管读者上当受骗？我在上当之余，在这里奉劝热心的青年读者，买书时要多长一个心眼。我还想特别提醒青年读者，在当前人欲横流的时候，千万不要被那种很有诱惑力的精神鸦片麻醉住了，那种东西享受多了，可以使你中毒，可以使你精神堕落，甚至可能走上犯罪的道路。这些话我想并非题外的话吧。

（原载《青年社会》1993 年创刊号）

建立有中国特色的社会主义新文化

　　奥琳埃娜·法拉齐①，是一个思维敏捷、才华横溢、谈锋犀利的意大利著名女记者。她访问过世界上许多重要政治家，以惯会提不好回答的刁钻问题而闻名于世。她于 1980 年 8 月曾来我国访问过邓小平，在经过两次六个小时的交锋后，对邓小平十分拜服。她后来对人说："我见过那么多领导人，邓小平先生给我的印象最深，他是一个很不寻常的人，性格很不寻常。我很喜欢邓小平先生。"邓小平对这位女记者也很欣赏，他在数月后会见意大利总理佩尔蒂尼时说："你们意大利有一位伟大的女性，一个伟大的法拉齐。"就是这个法拉齐，于 1993 年又来中国访问，有人问她："时隔十三年，这次来华，感想如何？"

　　法拉齐回答："我这次来，印象相当美好，我看到变化了的中国。人们穿得丰富多彩，不一样了。我看到许多欢乐，而很少悲哀。但由于我非常热爱你们，也产生了两种忧虑：一种是将来你们不要太模仿我们。如果连西方的错误和荒谬也模仿，这样就会忘记

---

　　①　奥琳埃娜·法拉齐，意大利女记者，作家，1929 年 6 月出生于意大利佛罗伦萨。她以写著名政治人物的访问记蜚声于世。1980 年 8 月来中国采访过邓小平。

你们的传统，忘记你们是中国人。第二种是，这么大的变化，如果结果仅仅是经济上的，而忽视文化精神方面，那么任何变化都不会是好的、真正的变化。"

就从她的这几句话，果然看到这个法拉齐观察敏锐，思想深刻，谈吐犀利，一针见血。她这几句话，很值得我们中国人思考。值得那些自以为很有文化、很有思想的中国人的思考，特别值得那些自认为走在历史前头，站在时代尖端，拥有"新潮思想"，孜孜于与世界文化接轨的中国人的思考。也很值得那些一心只扑在经济工作上而较少想到精神文明建设，眼见精神文明滑坡，文化素质低下，法制观念薄弱，社会风气欠佳，道德水平下降而无动于衷，或虽动于衷然而苦于没有多少办法来扭转滑坡的某些党政领导者的思考。当然也值得我们的思想家、哲学家、历史学家们对于中国传统文化的思考。这里不包括那些主张"全盘西化"的勇士们，也不包括那些"国粹主义"者，和这些人我们没有共同语言。

我以为法拉齐提出的问题，实际上就是一个如何对待中国传统文化和如何建立社会主义新文化的问题。

关于这个问题的讨论，在中国历时不下百年，参加讨论的人何止成千成万，发表的论文书籍真可算是汗牛充栋了。直到现在还有无数的海内外学者专家、专门研究机构和不知多少的报刊书籍，在从事这个课题的研究。说论宏文，洋洋大观，然而仍然处于百家争鸣中，很难有统一的观点，也不可能有统一的结论。因为这个问题涵盖太宽太广太深，可以在某一个方面或某一个专题出现有真知灼见的专家，却很难甚至不可能出现一言出而九鼎的权威。

在下并非研究学者，才疏学浅，只就日常生活中所见所思，就我们建设中国新文化的讨论中，如何对待自己的传统文化这个问题，发表一点意见。也就是法拉齐提醒我们"不要忘记你们的传统，忘记你们是中国人"这个问题，发表一点感想。

我们一直在说，在建设社会主义物质文明的同时，要建设相适应的社会主义精神文明。党中央一直告诫我们，两手都要抓，两手都要硬。这当然是很对的。但是不知道为什么，说了十几年，却一直还在说"一手硬，一手软"，甚至说精神文明大滑坡，全民族的文化素质不是提高了而是下降了，说是社会风气不好，道德败坏，人际关系尔虞我诈，认钱不认人，如此等等。也许有夸张的成分，但是对于精神文明建设普遍不满意，却是不争的事实。

我们针对一些现象，采取过一些措施，如加强爱国主义、集体主义教育；表扬见义勇为的行为，评选模范人物；打击贪污盗窃，防伪除劣；在党内加强党风建设，对反腐倡廉做出种种详尽的规定，做得很认真；以及不断地"扫黄""打黑"，并且十分注意舆论导向，如此等等。不能说努力得不够，也的确取得一些成果。但是似乎还很难令大家满意，的确也没有根本解决问题。

这到底是怎么一回事？

我以为我们虽然对当前存在的问题，做了一些治标的工作，而对于一个民族至关重要的文化基本建设，抓得不够切实有力，没有从建设中国新文化这个根本做起，认真治本，在社会形成一种为社会各阶层人民普遍接受的文化体系、思想意识，形成大家的思想方法、行为规范、社会风尚，以至成为深入人心融化进血液里去的风俗习惯。这样整个民族的文化素质提高了，才能根本解决问题。这当然不是一朝一夕之功，但是要动手去做，并且贵在坚持。

我们建设社会主义经济，在摸索了几十年跌了不少跤子后，终于找到了建设有中国特色社会主义市场经济这条道路。大概也找到了人民代表大会和民主协商的社会主义民主政治制度。但是和有中国特色社会主义市场经济、政治制度相适应的有中国特色社会主义文化到底怎么建设，包含些什么内容，似乎还没有找到门道。而且讨论起来，意见也很不一致，难有一个较好的模式。因此，研究中国现代大文化的产生、发展、流变、走向，十分迫切。我们现在所看到的各种文化现象、意识形态、价值观念、道德风尚，其实都是从我国现代文化发展的根基上发展和显现出来的。把我国现代文化的来龙去脉搞清楚了，我们便能解释各种文化现象，从而也就能找到治理的办法，找到我国新文化发展的道路。

　　关于中国现代文化的形成和发展，我曾在一些学术会上几次提出自己的看法，作刍荛之献。要研究起来，这可以说是一个巨大的系统工程，我不可能在这里展开论述，我只做一个粗线条的介绍。

　　中国现代文化，在一百年中，至少在"五四运动"以来的近八十年中，一直是有三千年发展历史的中国传统文化，和西方资产阶级国家的以民主和科学为标志，以个人自由相标榜的资产阶级文化，以及主要从苏联渠道传入，以共产主义作为理想、以社会主义作为当前目标、以集体主义和国际主义为号召的马克思思想体系的文化互相碰撞、矛盾、冲突、渗透、融合中发展起来的。这是一个十分复杂，有时是很激烈的发展长过程。这个过程决定了中国之命运和历史走向，还要长期地进行下去。一百年来，中国曲折的历史发展过程，惊天动地的历史事件，开天辟地的历史人物和领导人民创造的伟大业绩，以及他们的失误和失败，都和这个复杂的文化发展过程有关，都和这几种文化的冲突、矛盾、斗争、融合联系在一起。过去和现在的许多文化现象，都可以从这里得到解释。

回顾一下中国近百年文化发展历史，可以看到，在新中国建立前的几十年中，中国的有识之士，后来许多成为中国的资产阶级民主主义者，他们立志去从西方寻求富国强兵之道，提倡科学和民主，他们和腐朽的统治阶级以及固守中国封建文化的国粹主义者展开了思想文化斗争，演绎出许多可歌可泣的民主革命政治斗争，然而都没有取得真正的胜利。西方的资产阶级用炮舰政策打入中国，把中国的新兴资本势力努力转化成为买办势力，和中国的封建势力相结合，在中国建立了半殖民地半封建的文化体系。使中国愈发贫穷落后，甚至有转化成为帝国主义的殖民地的亡国危险。

这时中国的爱国者、有识之士，包括某些资产阶级及其知识分子，奋起救国，寻求新的文化和民族解放的道路。十月革命一声炮响，传来了马克思主义，这是全新的文化思想，反帝反封建的革命思想，于是新的革命运动，在中国如烈火般燃烧起来，成为燎原之势。无论帝国主义和他们在中国的买办势力和封建势力怎么纠结在一起，疯狂地向革命人民进攻，绞杀革命的新文化，中国的革命志士和人民一起，还是在新文化思想的引导下，忍受了空前的灾难和无数的牺牲，前仆后继，英勇斗争，把革命推向前进，终于在中国出现了人民解放胜利的曙光。

但是马克思主义文化思想体系，在中国的传播和革命实践过程中，也产生了一些问题，有些问题且十分严重，最根本的就是脱离中国实际的教条主义思想。中共党内一些早期的"左派"从莫斯科背着"尚方宝剑"回来，对中国的历史和文化知之甚少，对于中国革命的实际情况更是不够了解，然而他们却对中国的革命发号施令，指手画脚起来。他们不是从中国的实际出发，而是唯上（唯共产国际之命是听，而实际上就是唯斯大林之命是听）唯书（唯经过苏联改造过了的斯大林牌的马克思主义书本），几乎葬送了中国的革命。在中国土地上生长起来的革命家们，一面和外部的强大敌人进行艰苦的斗争，和半殖民地半封建的文化思想进行斗争，一面和内部的教条主义和错误路线进行斗争，终于出现了把真正的马克思主义和中国革命的实际情况结合起来的思想，就是我们后来所说的毛泽东思想，最终把中国革命导向解放自己的正确道路，以革命的战争，以农村包围城市，然后夺取城市，终于夺取了全国的胜利，建立了中华人民共和国。

解放以后，在我们当时的脑子里，实际上存在着一种错误的文化判断，认为蒋介石那套半殖民半封建地的文化体系，自然是不能要了，西方资产阶级那套民主自由文化，甚至科学和民主，也理应在被排斥之列，至于中国原来的传统文化，那更是封建糟粕，更应该彻底打倒。那么我们用什么文化呢？顺理成章地自然是全盘引进苏联的那套文化。于是"一面倒""以俄为师"之说，成为天经地义。甚至于提出"搬过来再说"的口号。这实际上就是要求我们"全盘苏化"。"全盘苏化"，不就是另外一种的"全盘西化"吗？但是现在回头来看，苏联的有些东西并不高明，斯大林搞的那套"独裁政治"，那套无产阶级专政下的"肃反"办法，那套"定于一尊"的文化政策等等，给苏联人民固然带来无数的灾难，对我们苏区不也曾带来惨重的祸害吗？至于他们的经济体制，影响我国经济走了许多年的弯路，已是有目共睹的了。教育文化也是一样，给我们留下许多必须改革的地方。

其实当时这样的做法，并非没有引起国内有识之士的非议，但是当时对于"老大哥"那一套意识形态，那一套文化思想，认为是最先进最正确的，是嫡派的马克思主义，是在我国居于至高无上的统治地位的文化；一切中国的传统文化，特别是西方的文化，都是被批判的对象，都要臣服于苏联文化。谁敢非议，谁就将受到群起而攻之的下场。批判资产阶级，是每一次运动必不可少的节目。其实当时在党内也并非没有人看出问题，毛泽东就有许多不同看法。他就有"只学苏联先进经验"的说法。无论在搞社会主义经济建设或搞社会主义改造，都有不同的做法。对于教育体制有不同的看法，在文化学术上提出了"百花齐放、百家争鸣"的方针。但是总的说来，我们未能摆脱苏联那套基本框架，没有摆脱苏联的意识形态和文化思想作为我们的统治思想的地位。直到党的十一届三中全会提出"解放思想，实事求是"的思想路线，才改变了这样的局面。

在这同时，我们是以农村包围城市从而夺取城市取得胜利的，这是一个优点，但也存在着问题。所以在入城前的七届二中全会上，党中央和毛泽东明确提出，进城以后，应该是以城市领导乡村，以工人阶级领导农民阶级及其他阶级。并且提出"严重的问题在于教育农民"。可是事实上我们进城后，忙于许多紧迫的斗争，忙于"土改"、清匪反霸，恢复经济，安定生活，还忙于批判资产阶级，二中全会决议上提到的重大问题，实际上无暇顾及。在农村中长期形成的农业社会主义思想、小农经济意识、平均主义的乌托邦思想，并没有彻底丢掉，有的还带进城里来。封建主义没有受到彻底批判。对于农民意识的改造没有引起很大注意。工人阶级的现

1951 年，马识途在成都人民代表大会上

代大工业生产思想、民主科学思想、现代文化意识，没有很好树立起来，更没有在广大干部和群众的思想和生活中生根，使之成为统治的思想。相反的有的同志以解放者和改造者自居，似乎已忘记了在改造客观世界的同时，还有改造自己主观世界的任务。特别是实行"以阶级斗争为纲"的路线后，更把批判和改造资产阶级知识分子作为头等任务。从此"政治运动"不断，以至波及党内，把党内有不同认识的思想斗争，上纲为两个阶级、两条路线的斗争，以至转化为革命与反革命的生死斗争。使担负着建设国家重大任务的大量领导干部和知识分子，只能谨小慎微唯命是听，不能充分发挥自己的积极性。在社会主义改造中走得过快，工作粗糙，难免有强迫命令。在社会主义建设中，又急于求成，盲目提出超英赶美的年限，缺乏科学求实精神，各级领导的"我说了算"的独断专行作风盛行起来，出现一些瞎指挥，眼见给国家生产和人民生活带来严重问题，而一时难以纠正。发展到后来，全知全能，绝对正确，大家顶礼膜拜，三呼万岁，这种封建社会的落后意识，倒成了社会主义社会的统治意识，受到鼓舞。这种意识在"文化大革命"中，被政治野心家和投机分子加以利用，篡夺权力，残害干部，排斥异己，制造混乱，给中国带来前所未有的浩劫，这已是有目共睹的了。

这种历史性的错误，有的人把它归之于或主要归之于一个人犯错误，其实是不公正的。这种弯路的出现，有它的历史必然性，是由当时的社会文化意识所决定的，不以哪一个人的主观意志为转移。最多因为人的偶然因素，出现错误的方式和严重程度有不同而已。大家都相信，"文化大革命"这样的灾难，在外国不会发生，就是因为那里没有中国当时那样的历史背景和文化意识。同样的，在"文革"之后，解放思想、实事求是的思想路线和改革开放路线的出现，其实是对"文化大革命"的反拨，也是有其出现的历史必然性的，最多是出现的早迟和时机不同而已。

在中国现代历史上所发生的一切事件，一切文化现象，终其极都是中国的传统本体文化、西方资产阶级文化和苏联模式的文化（其中许多并不是真正的马克思主义文化），在中国这片土地上的矛盾、冲突、渗透、融合的表现而已。而中国现代的新文化，我们所说的有中国特色的社会主义文化，也必定要在这种矛盾、冲突、渗透、融合中建立起来，也只有在这种矛盾、冲突、渗透和融合中，才能建立起来。也就是以中国的几千年长期形成的传统文化中扬弃其糟粕的精华部分作为根基，认真地吸收西方以民主和科学为标志的资产阶级文化中的精华，在马克思主义的基本精神指导下，扬弃长期在中国占有支配地位，然而现在已经证明并不先进的苏联文化和经济体制、政治模式、文化思想，扬弃西方资产阶级正在努力输入，但并不能证明适合于中国现实的意识形态和腐朽的文化，而吸收其先进的文化、科学技术和管理经验，以建立起中国的现代新文化，也就是我们说的有中国特色的社会主义文化。

这个建立过程，是一个十分复杂和十分艰难的过程。这中间有矛盾和冲突，有吸收和融合，有斗争和痛苦，还不可避免会有错误和失败。我们现在在社会主义精神文明建设中，正面临着这样的复杂的困难的情况。

现在许多人都在埋怨说精神文明大滑坡，对于精神文明建设表示不满意。有的说，风气日坏，道德沦丧，尔虞我诈，人际关系恶劣，金钱万能，什么东西都商品化，特别是权力商品化，贪污贿赂成风，人的身体以至灵魂也商品化，丑恶现象丛生，超前消费，享乐主义，浪费财物。各种封建迷信活动死灰复燃，会道门、黑社会帮派重新出现，盗贼横行，偷抢骗，嫖赌烟，又成为公害。而且好像扫而不清，消而难灭，还在蔓延滋长。而某些地方某些部门领导作风不正，上下钻营，追名逐利，官僚主义，吃喝享乐，欺上压下，形式主义，搞假政绩，甚至贪污盗窃，案子越来越大，级别越来越高，人数越来越多，中央三令五申，密查严办，也未能刹住。群众看在眼里，想在心里。这到底是怎么一回事？难道当年黄炎培在延安说的"君子之泽，五世而斩，其兴也勃焉，其败也忽焉"的担心要重演吗？

我却不这样认为。我以为这些现象的出现，也是有其历史必然性的。是我们在建设社会主义新文化中，建立新的市场经济体制和新的政治体制的过渡阶段中，难以避免的。可以说是一个新的大文化体系在中国诞生前的阵痛，也是我们建立新社会所必须付出的代价。这正是在中国新与旧的文化和中与西的文化的碰撞、冲突、渗透、融合过程中必然要出现的现象。既要弘扬我国的传统文化，又要防止封建文化的沉渣泛起；既要发展市场经济，吸收西方的科学文化，又要排斥几乎是伴生的某些精神垃圾。这自然是很复杂和很困难的事情，需要时间和韧性。但是我对于在中国建立新的社会主义文化、在世界上是最先进的文化，寄以希望，我对于在中国扫除这些暂时存在的不良现象以至丑恶的现象，满怀信心。

这些现象当然是不好的，这对于我们建立社会主义市场经济体制和政治秩序也是有害的。中央领导洞如观火，正在采取各种措施加以消除，也取得一些大快人心的战果。但是要根本解决问题，必须治本，也就是从建设社会主义精神文明，即建立中国新文化这个根本问题上多下功夫。也就是如何尊重和发扬我国传统优秀文化和道德，摒弃封建主义糟粕，如何吸收西方的民主科学精神、技术和管理经验，而又排斥其腐朽的思想和文化，同时要大力发扬马克思主义的革命精神和实事求是的思想作风。从信仰、思想、文化、作风、社会道德、行为规范的建设上多下功夫。我们自己的封建主义的文化糟粕，西方资本主义的某些文化垃圾，就是我们建设中国新文化的大敌。我相信中国几千年历史形成的优良传统文化如爱国主义、集体主义，民族凝聚力，勤劳朴实、坚毅勇敢、团结互助、仁爱宽恕，重道德、讲信用等的社会传统美德，和西方的科学民主、自由活泼、紧张效率，和他们的管理经验、法制观念，以及良好文化素养等结合起来，并且在马克思主义思想的光照下，不断在自己的实践中，加以检验改进，中国的新文化思想、道德观念，一定会树立起来，并且深入人心，以至成为社会风气、行为规范、风俗习惯，涤荡那些不良现象，就不会是难事了。

（原载《文史杂志》1995 年第 5 期）

散文杂言

我对于散文的一孔之见，已尽于我为《四川当代散文大观》写的序言中了，再无新意。

我还是赞成朱自清对散文的观点，一要"为人生"，二要"写实"。我仍认为写散文，要于所见事物有真感动，在内心中有真感情，而后抒发为散文。情以物迁，辞以情发，情有所钟，意到笔随，信笔所之，淋漓酣畅。我以为无情无散文，无理无散文，情理相融，斐然成章。也就是散文须有思想，须有感情，须有文采。当然，对每一个人说，还要有个人风格。最没出息的是东施效颦。

我读的散文不多，只偶尔从报刊上读到一些。也看过少量散文集子，包括新抄卖的过去著名文人的散文集。我对朱自清、冰心、杨朔、李广田等人的散文颇欣赏。对于那些远离人世，大有不食人间烟火之势的苦雨斋式的淡而远的散文、论语式的调侃人生的散文，30年代在上海滩也曾迷醉过。但是一涉及中国当时现实和观照悲凉人生，便觉其不过是吃大麻叶后的一种迷醉和快感。在艺术上虽有可取，于人生则徒增长颓废，于国于己，都不可取。有的人后来当了汉奸，不足为怪。

现在有些散文，颇以淡化人生，远离现实，或冷眼世界，游戏人生，恐怕也是这一派散文的余绪。现在有人在大肆提倡，值得注意。

我以为幽默，调侃，滑稽，噱头，其含义是不相同的。噱头是庸俗，调侃是冷漠，滑稽是无奈，只有真正的幽默，才是悟透人生，看穿世相，而又以精美构思，言人之所欲言而不能言、道不出者。现在有些故作幽默状，其实不过是等而下之的"白相"而已，隔幽默不知其几千里。然而这样的散文却颇走俏，是可怪也。

（写作于 1999 年 6 月）

彰显社会主义文艺的中国特色

　　繁荣发展社会主义文艺，需要对文化市场的资本运行有效监督，需要雅文学和俗文学更加互信互助，需要更加注重文艺作品的社会效益，说到底，希望我们的作家艺术家们不忘初心，牢记使命，提供更多体现社会主义核心价值观的具有中国特色的优秀文艺作品

　　我今年已进入一百零四岁了，年老体衰，已无力在文学创作上再作贡献，但我和一些"心存魏阙常思国，身老江湖永矢志"的老作家一样，对中国当代文学特别是创作思想的走向，寄予深切的关注。

　　目前，我正在学习党的十九大文件，深感习近平新时代中国特色社会主义思想作为工作准绳的重要性。在文艺工作座谈会、全国第十次文代会和第九次作代会上的讲话中，习近平同志都明确提出要繁荣发展社会主义文艺，指明中国文艺要以鲜明的中国特色屹立于世，并且语重心长地指出当前存在的诸多问题。这些讲话让我深受启发，我曾反复思考，什么是中国文学的中国特色呢？如何理解"中国特色"的理论精髓和深刻内涵并在文学创作实践中彰显它呢？

在细读和研究后，我试图用几句话来加以概括：中国当代社会主义文学应当是在马克思主义光照下，以习近平新时代中国特色社会主义思想为引导，以人民为中心，贯穿中国精神，用老百姓喜闻乐见的有中国新风格和新气派的生动的中国话语，讲好波澜壮阔的中国故事，并艺术性地体现社会主义核心价值观，服务于中国人民。

我以为中国的作家都应该在自己的创作中彰显这样的中国特色，而要彰显这样的中国特色，就需要识知和协调以下三个关系：文学与资本的关系，雅文学与通俗文学的关系，文学的思想性、艺术性和娱乐性的关系。

自尊自励　增益世道

没有资本的投入，文艺活动无法持续进行，这一点不言而喻。过去是由国家按计划提供创作资金，所以文艺创作多注重社会效益，很少考虑经济效益，改革开放以来，容许资本进入文化市场，几十年来已取得辉煌成就，人所共见。

而资本有自我增殖的本能，关键就看投资者意图和资本运用的优劣。由于投资动机不一、目的不同、运行办法各异，产生了优劣不同的效益。在文化市场中，有的投资者是为了报效祖国，服务人民，不计回报，追求社会效益，这种优良品质受到国家和人民的赞许；也有一些投资者依法依规投资文化市场，以优良产品获得合法利润，这样的投资者占大多数，为社会所认同；唯有另一类投资者，为数不多，为害却烈，曾有过一段时间的恶性发展。这是一群运用资本追求利润最大化的食利者，他们窜入文化市场，搜寻和瞄准最能获得暴利的文化投资项目。当发现一些低俗恶俗的节目容易受到青少年和追求娱乐至上的人喜欢，因而可以获得丰厚利润时，便挟雄厚资本，凭借最易传播的网络平台，收罗少数醉心名利、实是写手的所谓作家，穷思极想，写出低俗作品，交由唯利是图之徒加以制作，投入文化市场，牟取暴利。正如马克思说过的那样，创作出自己的作品的同时，也就制造出自己的读者。他们千方百计地培养、制造牟利需要的"粉丝"，竭力侵占文学的阅读领地和文化市场。随着利润的诱惑不断膨胀，他们日益突破文化管理的藩篱，推出"三俗"产品，甚至喊出要"爱得死去活来，打得昏天黑地，笑得气闭肠断"的所谓"枕头、拳头、噱头"的"三头"作品，污染市场，毒害观众。

当然，这只是一时出现的不良文化现象，已引起文化管理部门的重视和治理，大有改观。相信文化市场的食利之徒只是极少数，"三俗"作品的写手应自尊自励，成为真正有益于世道人心的作家。

雅俗共美　文学大兴

中国当代文坛一直有两种不同的文学，就是所谓雅文学和俗文学。这两种不同的文学似乎各有特色，在两股平行的轨道上行进，遥相对望，很少交流。直到作为通俗文学当代继承者的网络文学异军突起，声势煊赫，投资纷纭，挤占了雅文学的阅读园地，直到有些雅文学作家喊出文学"边缘化"了、"式微"了，才引起广泛注意，这两种文学才相互注视和关切，相向而行，开始互助互学地交流。近几年来，成效显著。

自新文化运动起，西学东渐，白话文学发展出雅文学，成为当代中国文学主流，涌现无数新文学作家和广泛的创作活动，出版大量文学作品，其中不少对精神文明建设作出不可估量的贡献。但是，正如习近平同志所指出的，"在文艺创作方面，也存在着有数量缺质量、有'高原'缺'高峰'的现象"。现在的文学出版物数量的确是不少，甚至听说有一年出版了四千部长篇小说，这就意味着我们曾有四千位作家争相去爬文学金字塔的高峰。一年四千部长篇小说，恐怕不少是粗制滥造，只能落入化为纸浆的命运，而那么多作家想登上塔尖，其中大半也只能半途而废，甚至会掉下来，这是多大的人力物力的浪费？

从诞生高峰的目标来看，我们现有高原的高度还不能说很高，我们的作家应该、事实上也正在不断为建设更高水平的高原、促成高峰的出现而努力。当然，要出现更高的高峰，恐怕更是不容易的事，珠穆朗玛峰到底只有一座。所谓"李杜出而唐诗亡"，后来还有"唐诗衰而宋词兴"的说法，这些都说明，要想出现更高峰，必须是有前所未见的智慧和胆识，能创造出前所未见的文学环境和文学作品者。在这个意义上，中国当代文学前程远大，任重道远。

近年来异军突起的网络文学特别是网络小说，其实是我国有长远历史、深厚影响的通俗小说的现代继承和发展。我国通俗小说发端于唐宋如《红拂传》之类的传奇，兴盛于明清勾栏瓦舍的"说话"，而以《水浒传》《西游记》等小说拔其尖。不过据查，其实在宋朝苏轼时已见市井有"说三国"的流行。降至于清末民初以后，通俗小说寄生于时新报纸副刊，以长篇小说连载为主要形式。鸳鸯蝴蝶派、武侠小说派、社会小说派，各有千秋，出现了张恨水、金庸这样的拔尖作家，成为今日部分网络小说的精神宗师。在继承中国通俗小说历史脉络的基础上，吸收借鉴西方侦探、悬疑等类型化通俗小说，就形成今天各派网络小说异彩纷呈的繁荣景象。当然，有些低俗以至"三俗"作品也混迹其中。

对于网络文学，我曾写过一篇文章《要善于引导，也要宽容一点》，我始终以为雅文学和网络文学是中国当代两支文学大军，应当相伴相容，互助互学，取长弃短，提高水平。我一直有一个梦想，两支大军日益靠近，最后达到雅俗共赏、老少咸宜的非古非洋、亦中亦洋的新文学。这虽然可能只是一个幻想，但是我仍然想仿费孝通先生说的"各美其美，美人之美，美美与共，天下大同"的话，说出我的希望："美雅之美，美俗之美，雅俗共美，文学大兴。"

品格为上　娱乐有度

一切文艺作品都有思想性和艺术性，但近年来也有人提出文艺作品有思想性、艺术性、认知性、教育性、娱乐性的所谓"五性"，我不以为然，却难以分析，直到读到仲呈祥同志的一篇文章，才恍然判明。他提出要区分文艺理论上两组不同的概念，思想性和艺术性同时产生于作品创作过程中，而认知性、教育性和娱乐性以及我们经常说的观赏性则产生于作品问世以后。一个在当时，一个在事后。思想性和艺术性属于创作美学的范畴，认知性、教育性、娱乐性以及观赏性等都属于接受美学的范畴，是不可以混同的。

我很赞同这种说法。一件文艺作品投入文化市场后所产生的观赏性和娱乐性，虽然都属于接受美学范畴，但是目前特别值得关注的是文化市场里过分强调娱乐性，以至于弱化美学观赏性的现象。娱乐性当然是有必要的，但应该有个度。过度强调娱乐性就有可能让食利之徒为了获取扩大化了的利润，而乘机大量生产和制作"三俗"作品。这些作品与我们提倡的主流价值观相左，挑战公众的道德底线，带来不小的危害。

我们的消费者进入文化市场消费，有接受倾向的差异。有些消费者倾向于思想上的启迪，艺术上的欣赏，希望真正在精神上有所收获。也有的消费者单纯是为了消遣娱乐，在工作学习之余，愉悦精神，放松身心，这也无可厚非。但还有一些消费者，在娱乐至上思潮影响下，更倾向于感官刺激，肉欲享受，这正是食利者投资所迎合的。他们提供的低俗作品，破坏良好的美学观赏环境，助长文化市场的秩序混乱，使寻求美学观赏的人们避而远之。可以说，这是文化市场过度强调娱乐性，忽视社会效益而只求经济效益的必然结果。这样的现象，是我们的文化政策所不容许的。作为精神文明建设者重要组成部分的作家艺术家，对维护文化市场正常秩序有着不可推卸的责任，应该努力为这个市场提供更多更好的为中国老百姓所喜闻乐见的优秀文艺作品。

我对上述三个关系所作的诠释，无非是希望：第一，对文化市场的资本运行进行有效监督，坚决抵制食利之徒制造出的不良文艺作品；第二，雅文学和网络文学更加互信互助，提高艺术水平，追求雅俗共赏、老少咸宜的好作品，共同创造文明的文化环境；第三，不要过分强调文艺作品的娱乐性，应更加注重社会效益。说到底，就是希望我们的作家艺术家们不忘初心，牢记使命，为我们的文化市场提供更多体现社会主义核心价值观的具有中国特色的优秀文艺作品。

（原载《人民日报》2018 年 5 月 25 日）

半路与文学结缘

其实，我本来不是一个作家，最多也只能算一个半路出家的作家。虽然我在 1935 年就发表过作品，抗战时期在西南联大中文系毕业，曾经接受过一些文学大师的科班训练，当时还创作过长短篇小说、杂文、诗歌等作品，但是我当时正从事地下革命工作，我的职业不容许我当一个作家，我也无意于当一个职业作家。解放以后从政，十分忙碌，与文学绝缘，同时看到文坛上雷鸣电闪，雨横风狂，更不敢想去当作家了。

这完全是一次偶然的事，20 世纪 50 年代末，在新中国成立 10 周年之际，我应老作家沙汀之约，为《四川文学》写了一篇回忆录《老三姐》，在《人民文学》上转载后，便为文坛前辈发现，生生地把我拉进文坛，成为长胡子的文学新兵。他们对我鼓吹说，我有丰富的革命斗争经验，又在政坛上长久沉浮，这就是"生活"。有了生活，又有写作基本功，便能写出作品，甚至写出好作品。并声称，我的脑子里有一个文学创作富矿，是不能拒绝他们来开发的。特别吸引我的是，他们说，这样歌颂革命斗争的作品，对于青少年进行革命传统教育，大有好处。我想，我从政之余，又挤出时间写

  1987年10月13日，马识途陪同巴金、张秀熟、沙汀拜访刚开放不久的成都李劼人故居"菱窠"，并参观了李劼人生平事迹展。在来宾签名簿上，巴金写下了一行深情的文字："1987年10月13日巴金来看劼人老兄，我来迟了！"之后，巴金（左三）同张秀熟（左二）、沙汀（左一）、马识途（右一）并肩而坐，在李劼人塑像前合影留念。

作品，一个人干两份差事，岂不是把我的生命延长一倍，多为人民服务吗？好事。便接受他们为我戴上一顶令人羡慕的作家桂冠，走上了一条当作家的不归路。

我是半路出家的作家，不能算是一个出色的作家，虽然写了一大堆作品，却都是利用公余之暇或开夜车写的，比较粗疏，无足称述。但是我可以大言不惭地说，我曾经参加过中国革命，也许算是一个革命家，那时候叫做"职业革命家"，因此我写的作品，如果可以叫做文学作品的话，那算是革命文学作品吧。我是想用我的一支拙笔，从一个侧面来反映中国人民的革命斗争生活，表现他们在外受列强侵略、内遭专制压迫的极其困难恶劣的环境中，仍能保持中华民族精神，前仆后继、英勇斗争的革命事迹。让某些号称要"淡化革命，颠覆英雄，否定崇高"的作家知道，中国的确经历了一场伟大的人民革命，的确出现过许多民族英雄，世界上的确有崇高的事业。这样的民族精神，这样的崇高英雄和他们所从事的神圣事业，是中国人民永远不应该忘记的。

我的作品，坚持我所追求的"为中国老百姓所喜闻乐见的中国作风和中国气派"，我就是要追求民族的形式、生动的形象、跌宕的情节、通俗的语言，以便凡夫俗子、引车卖浆者流也可以从中得到一点艺术享受，受到一点启发。就是读了便扔掉也罢。我的作品大概难以进入不朽的缪斯殿堂，去博得高雅的欣赏。我绝不为此而感到羞愧。我从来不想追求不朽，我乐意于让其速朽，让更新更好的作品来代替，发挥更好的作用。

（原载《中国新闻出版广电报》2018 年 7 月 13 日）

没有终身成就只有终生遗憾

我这个年逾百岁的老人这次趁高铁之便，坐轮椅到北京来参加"马识途书法展暨《马识途文集》发布会"，是为了来表白我的感谢之情、惭愧之意和终身之憾。

首先我衷心感谢中国作家协会为我主办这次书法展和文集发布会，感谢中国现代文学馆、四川省作家协会、四川新华发行集团、四川文艺出版社、四川新华文轩出版传媒股份有限公司、四川新华文化公益基金会、西南联大北京校友会参与承办和协办此次活动，感谢四川文艺出版社为我精心编辑出版了《马识途文集》(共 18 卷)。同时，我还要感谢所有今天到会的嘉宾和朋友，谢谢你们的厚爱，并请不吝赐教。

从我已出版的文集和已展出的书法作品来看，没有多少能受青睐的出色作品，只可说是没有滥竽充数，或金玉其外败絮其中，但在艺术上可称上乘之作的还是很少，至于传世之作却没有一部。所以从严格意义上说，我只能说是一个业余作家，而书法家则未敢自称，现在作品到北京来展览，我的确感到愧不敢当。这就是我要来表白的原因。

至于说到终身之憾，我深有感触。我曾被授以终身成就奖，但我一直都说，我没有在艺术上的终身成就，我只有终身遗憾。为什么如此说呢？我入党 80 年，几乎经历了整个 20 世纪，这是一个大动荡大变革的时代，既有波起云涌的大革命，也有波诡云谲的复杂社会现象。我所经历的各种生活，所见所闻所思所感，各种波澜壮阔千奇百怪的事件和人物，这都是极好的创作素材，然而我没有能力也没有机会创作出能够反映那个大时代的较好作品，那么多好的故事，只有从我的记忆仓库里淡化和消失。这就是我的终身遗憾。现在我们又面临更为壮观的新时代，新的人物和故事层出不穷，我期盼着后来的作家，在习近平新时代中国特色社会主义思想引领下，写出这个伟大的时代发生的新故事和涌现出的英雄人物，留下传世之作。

　　最后，我想借此机会，回答曾经不少人向我提出的一个相类似问题。他们说："你经历那么多的曲折生活，承受过那么多的磨难，怎么还能活到 104 岁呢？"我的回答是："乐观。"凡事要提得起放得下，该来的总是要来的，来了的总是要去的。另外再加两个字，那就是："战斗。"在我的生活字典里，从来没有"投降"二字，即使是两次被癌魔侵身，我也没有放弃。正是"乐观"和"战斗"这四个字，构筑成我的人生观，也许就是我能活过 100 岁的契机。

（原载《文艺报》2018 年 10 月 19 日）

我爱我的祖国

对我们这些经历过风风雨雨、跟着党和国家一起走过艰辛历程的人来说，更能体会当下中国共产党人带领中国人民走正确道路、埋头苦干的历史意义，这种实干兴邦的奋斗精神感染了我。为了美丽理想，虽历尽沧桑，但是壮志未改，在余霞满天中，我要发挥余热，报效祖国和人民。

光阴似箭，日月如梭。仿佛转瞬间，我已经跨过一个世纪，进入一百零五岁了。回首百年岁月，既如梦如烟，又历历如在眼前。自上世纪三十年代投身革命起，我在出生入死的地下党工作中得到磨炼；抗日战争时期，在西南联大，我亲见一代读书人于艰苦卓绝中的气魄和风骨，也真切听到人民怒吼的心声和越吹越响的斗争号角；新中国成立后，在如火如荼的国家建设中，我从头开始学城市规划、学工程管理；改革开放春雷滚滚，在日新月异的生活变迁中，我和所有人一样见证这个国家的扬眉吐气；有幸跨入新世纪，我更是实实在在感受到一个民族实干兴邦的奋发崛起……

如果说作为一个百岁老人，我有什么不一样的感受和认识，那可能就在于，我对"新中国"三个字沉甸甸的分量有着别样的体会，也更能感受到置于百年沧桑的历史里，新中国成立七十周年这一喜庆日子是多么来之不易，其间有太多值得记取的故事和经验。

贡献社会、服务人民是我一生志向。听到越来越多的人叫我作家、老作家，我还是觉得受之有愧，我是六十年前很偶然地开始创作的，直到今天，也只能算是个业余作家。

记得那是国庆十周年前夕，《四川文学》主编、老作家沙汀找到我，要我写一篇纪念文章。盛情难却之下，我写了一篇回忆文章《老三姐》。文章在《四川文学》登出后，被《人民文学》转载，竟引起中国作家协会领导的注意。时任中国作协党组书记的邵荃麟把我请到北京，开门见山地说："看你是个老革命，有丰富的革命斗争生活积累；看你的文笔，能够写文学作品，且有自己的特色。我们要求你参加进作家的队伍里来。"我说自己本职工作很忙，邵荃麟说："你写革命文学作品，对青年很有教育作用，你多做一份工作，等于你的生命延长一倍，贡献更大，何乐不为？"这一点倒真的打动了我。能做两份工作，对社会特别是对青年读者能多一份贡献，的确是好事。于是我回到成都，便这样开始写作了。

但那时我的本职工作实在是忙，几乎没有时间来写。《人民文学》主编陈白尘派编辑周明来成都找我约稿。周明见我的确忙，也不催着我交稿，而是留在成都，趁我休息时来找我，说是想听我摆一摆过去革命斗争的龙门阵。这好办，当年革命生涯中的故事我随便一摆就是好几个，周明马上抓住说：好，就这几个故事，你按你摆的写下来就行。就这样，《找红军》《小交通员》《接关系》等革命文学作品一篇一篇地发表出来。

写作打开了我革命斗争记忆的闸门。那段惊心动魄的革命生活虽然已经过去，但它铭刻着苦难艰辛的历史，积淀着革命者的智慧与意志，闪耀着无数人的理想与信念，这些都不会随时间而逝去，也不该被我们忘记。它是我们的来路。更何况，那些熟悉的、牺牲了的同伴朋友，常常来到我的梦中，和我谈笑风生，叮嘱我、呼唤我、鼓励我……一种感情在催促我，让我欲罢不能。我知道，让他们在我的笔下"重生"，让后来人知道他们的信念与精神，是我的责任所在。

1960 年创作长篇小说《清江壮歌》，是我文学经历中最难忘的事情之一。创作缘由是当时发生在我身上的一件大事：我历尽千辛万苦，终于找到失散二十年的女儿。二十年前的 1941 年，我和爱人刘蕙馨一同在湖北恩施开展党的地下工作。我们的女儿才出生一个月，刘蕙馨就因叛徒告密，不幸被特务逮捕。她和一同被捕的何功伟同志在狱中英勇斗争、坚贞不屈，后来从容就义，我们的女儿从此下落不明。新中国成立后，我在各种场合打听其下落，却毫无结果。后来通过组织查找烈士遗孤，湖北省公安厅组织专案组，经过一年多曲折历程，终于把我的女儿找到了，她那时已经在北京工业学院读一年级。巧合的是，何功伟烈士的儿子也同时在这个学校读一年级！我得知这个消息后，急忙飞往北京，抱着两个烈士的孩子，潜然泪下。

这件事在四川一时传为佳话。沙汀等文学界的朋友鼓励我，以此事为引，写一部长篇小说。虽然那时我工作仍然很忙，但我已经从感情上进入角色，把烈士们革命斗争的事迹彰显出来，这是我念兹在兹、一刻也不曾忘却的事。于是，我利用业余时间动起笔来，在一年多的时间里终于完成这部《清江壮歌》。小说中有关贺国威和柳一清的许多细节，都取自何功伟和刘惠馨两烈士的实际斗争生活。与其说这是我写的长篇，还不如说是烈士们用鲜血写就的。

这部小说一边写，一边在《四川文学》和成都晚报上连载，后来武汉日报也开始连载，没想到竟获得那么多读者喜欢，我收到大量的群众来信。四川大学的柯召教授告诉我，他每天晚饭前必去取成都晚报，看连载的《清江壮歌》，他说许多教师和同学都如此。这部小说的连载，也引起人民文学出版社的注意，后来由人民文学出版社出版，一开印就是二十万册。中央人民广播电台和天津、四川、武汉的广播电台还先后全文连播。《清江壮歌》奠定了我对革命文学的信心，我们的社会、我们的人民对革命先烈的历史事迹渴望有更深入的了解，革命精神是我们民族精神的重要组成部分，如同光与热一样，永远为人的心灵所需要，也一定能发挥凝神聚力的作用。

一切有良知的中国作家都会自觉地为人民服务、为社会主义服务，"因为他们从自己切身体会中知道，离开了人民的革命斗争，就没有作家的存在，更说不上创作，即使创作了，也不为广大人民所欢迎。"我还记得，1982 年我随中国作家代表团访问贝尔格莱德时，在国际作家会议上做了此番发言，这是我创作的肺腑之言，也是我对许多作家同行们的观察所得。

在我生活过的一百年里，中国发生了多少翻天覆地的变化，中国人民为争取民族独立、国家富强而进行的革命是多么悲壮，又是多么炫丽！有多少慷慨悲歌之士，多少壮烈牺牲之人，多少惊天动地之事，都可以作为我们加以提炼与展现的文学素材。遗憾的是，我写出的只是这丰富素材中的一小部分。

伟大时代呼唤伟大作家和伟大作品。时代永远是需要文学和作家的。如果我们拿出人民喜闻乐见的文学精品来，人民永远是欢迎的。因此，我始终怀抱乐观的态度关注文学界。中国正经历前所未有的变革，必将有大量人民喜闻乐见的文学精品涌现出来，前提就是作家们自省、自强，"千淘万漉虽辛苦，吹尽狂沙始到金"，坚定走一条雅俗共赏的有中国特色、中国作风、中国气派的文学之路。这也是我愿意为之摇旗呐喊、终生不改的文学志向。

一百岁的时候，我的长篇回忆录《百岁拾忆》出版了，那时，我为自己定下一个"五年计划"，希望能继续我的文学创作。五年里，我完成回忆录《那样的时代，那样的人》和小说《夜谭十记》续集《夜谭续记》，都已先后交付出版社。我在一百零五岁的自寿诗里写道："三年若得兮天假我，党庆百岁兮希能圆"，朋友们笑说，这是我的第二个"五年计划"。

笑谈归笑谈，但这真的是我的梦想。还记得1938年，我在入党申请书上郑重其事地签下"马识途"而不是本名"马千木"，因为我确信自己找到了正确的道路，老马识途了。一晃八十多年过去了，对我们这些经历过风风雨雨、跟着党和国家一起走过艰辛历程的人来说，更能体会当下中国共产党人带领中国人民走正确道路、埋头苦干的历史意义，这种实干兴邦的奋斗精神感染了我。为了美丽理想，虽历尽沧桑，但是壮志未改，在余霞满天中，我要发挥余热，报效祖国和人民。

（原载《人民日报》2019 年 9 月 18 日）

怀念周有光老人

我认识周有光先生很晚，慕名已久却无缘识荆。一日在京和老友张彦（《今日中国》原副主编）说起，恰他是周老旧友，于是便引我去周老家拜访。我们寻寻觅觅，终于在人民文学出版社的背后找到了坐落在后拐棒胡同的一幢旧楼，这便是周老家所在地。我们沿楼内陡梯而上到三楼，走进周老的家，来到他窄狭的书房。书房两壁书架的中间，靠窗有一张三尺小桌，周老坐在桌前一边的椅子上。经介绍后，他请我在他对面的木凳上落座，那是一个陈旧的凳子，我坐上去只听得叽叽咯咯一阵响，很担心会把凳子坐垮了，周老似乎并不在意。

虽然当时我和周老是初次见面相识，可他却如见老友一般，像摆家常放言恣肆地高谈阔论起来，语多幽默机智，言人之未能言，言人之未敢言，使我大开脑筋。

周老说他本是研究经济的，1955年周恩来总理把他从上海调到北京，到文字改革委员会，改行研究语言学，创制汉语拼音字母。他后来才悟出，这原来是周总理有意救他，不久上海打右派，他的经济著名同行沈志远辈，全罹大祸，他独在北京而安然无恙。他还说后来"文革"中他年老力衰还被下放宁夏五七干校劳动，十分辛苦，但是他顽固难治的失眠症却不药而愈，至今未犯。他慨然道：人生失意莫自悲，逆顺祸福本相依。山穷水尽似无路，柳暗花明又一村。笑说："塞翁失马安知非福。"我们问他长寿之道，当时他已近百岁，他幽默地说，大概上帝把他忘记了吧，一直没有召唤他。引得大笑。他说，古来皇帝为了长寿，没有不去求仙的，可哪有一个活过一百岁？现代许多富豪人家，总是怕死，其实怕死才是催命鬼，任你花钱吃名贵补药，甚至求神拜佛，但有几个活到一百的？关键是人到百岁不言老，真到点不请自去，如此达观，才能长寿。

我听了周老关于人生哲学的至理妙言，感佩无已。回来后作了一首七律诗，写成书法，连我的文集十二卷送给他。我的七律诗是这样写的："行年九七未衰翁，眼亮心明耳未聋。西学中文专且博，语言经济贯而通。随心闲侃多幽默，恣意放言见机锋，垂老初交惟憾晚，听君一席坐春风。"周老看了很高兴，把我纳入他的朋友行列。他每出版一本书，都要签名寄我一本，前后已有三四本，都是文短而意长，言浅而思深，其中一些幽默而略带辣味的话语，更启人思考。我还把周老的长寿之道融入我与家兄马士弘斟酌写成的"长寿三字诀"中，据说此三字诀经报刊登出后，不胫而走，全国流传，实在是转述周老的要言妙道而已。

后来，我只要去北京，必争取去看望他，每次一见面，必大放"厥辞"，互相交流切磋。还记得大约是他年已愈百后的某一年，我已经有九十八岁了，到北京后去看望他，仍是一如既往，放言恣肆。说到不言老却偏言老的话题，我随口念了我作的顺口溜："老朽今年九十八，渐聋近盲唯不傻。阎王有请我不去，小鬼来缠我不

　　2011 年 5 月 24 日上午，马识途前往北京朝阳门内大街后拐棒胡同拜访"汉语拼音之父"周有光。图为两人在书房见面，左为周有光，右为马识途。当时马识途正在读他写给周有光的诗句："百岁已早过／茶寿已到门／大师曾自许／百十一归田；后学为预下／百廿老寿仙／春蚕丝未尽／传文待新篇。"

怕。人生能得几回搏，栽个筋斗算什么。愁云忧霾已扫尽，国泰民安乐无涯。"他听后拊掌大笑，如一顽童。

现在周老走了，与我一起共同拟得"长寿三字诀"的兄长也在他进入 105 岁那年走了。我今年已进入 103 岁，却还老是想起周老的人生哲学和长寿之道，不自惭形秽，也不是鲁迅说的那种无聊之人，借死去的人不能说话之机写纪念文章以自衒，我已近瞎渐聋，还摸索着执笔写这篇纪念文字，了我心愿而已。

马识途

2017 年 2 月 10 日

（原载《光明日报》2021 年 1 月 22 日）

借调忆秦娥·元宵

元宵节，中华自古称佳节。称佳节，全民欢乐，笙歌通夜。今年元宵大减色，千门万户守家宅。守家宅，冠状病毒，城乡肆虐。

战妖孽，中华儿女不畏怯。不畏怯，全民动员，鏖斗不歇。病毒扩散全阻绝，冠状恶魔尽歼灭。尽歼灭，大功告成，欢呼祖国。

（写作于 2020 年 2 月 8 日）

满江红·战疫

众志成城，齐奋起、雄心似铁。目眦裂、怒挥利剑，疫魔斩绝。铁血男儿皆壮士，白衣天使多豪杰。面巨毒、尽救死扶伤，未停歇。

调强师，召义士。救武汉，护湖北。中南海引领，英明决策。守望相助明大义，同舟共济疫能灭。待来日、扫尽新冠毒，报大捷。

（原载《光明日报》2020 年 3 月 20 日）

封笔告白

我年已一百零六岁，老且朽矣，弄笔生涯早该封笔了，因此，拟趁我的新著《夜谭续记》出版并书赠文友之机，特录出概述我生平的近作传统诗五首，未计工拙，随赠书附赠求正，并郑重告白：从此封笔。并附赠五首传统诗：

自　述

生年不意百逾六，回首风云究何如。

壮岁曾磨三尺剑，老来苦恋半楼书。

文缘未了情无已，尽瘁终身心似初。

无悔无愧犹自在，我行我素幸识途。

自　况

光阴"逝者如斯夫"，往事非烟非露珠。

初志救亡钻科技，继随革命步新途。

三灾五难诩铁汉，九死一生铸钢骨。

"报到通知"或上路，悠然自适候召书。

自　得

韶光恰似过隙驹，霜鬓雪顶景色殊。

近瞎近聋脑却好，能饭能走体如初。

砚田种字少收获，墨海挥毫多胡涂。

忽发钩沉稽古癖，说文解字读甲骨。

自　珍

本是庸才不自量，鼓吹革命写文章。

呕心沥血百万字，黑字白纸一大筐。

敝帚自珍多出版，未交纸厂化成浆。

全皆真话无诳语，臧否任人评短长。

自　惭

年逾百岁兮日薄山，蜡炬将烬兮滴红残。

本非江郎兮才怎尽，早该封笔兮复何憾。

忽为推举兮成"巨匠"，浮名浪得兮未自惭。

若得二岁兮天假我，百龄党庆兮岂能圆。

（写作于 2020 年 7 月 5 日）

我和甲骨文

凡是认识马识途我这个人的朋友，都说我是革命家、作家和书法家。革命家我认可，我到底为革命入死出生贡献过一点力量；说我是老作家，只承认一半，我只是为革命呐喊写过几本书，只能说是一个业余作家；至于说我是书法家，大概只是因为中国作协和四川作协等单位曾分别在北京和成都为我办过几次书法展，且我将其中三次义展所得全数捐出资助了寒门学子的原因吧。

七十几年过去了，竟没有一个朋友知道我曾在西南联合大学（北京大学、清华大学、南开大学三校组成）学习和研究过甲骨文。我现在才把我和甲骨文这段因缘告诉我的朋友。

1935 年冬，北京学生发起了一二·九救亡运动，全国响应，在上海的我也参加了这个救国活动。1937 年抗日战争爆发，我在湖北省委党训班结业后，由当时的中共湖北省委组织部长钱瑛同志作为介绍人和监誓人，在武汉加入了中国共产党，我将自己的名字改为"马识途"，宣誓终身革命，永不叛党。此后，我成为了职业革命家，以革命为职业，担负着地下党各级领导机构中的重要工作。

1941年初，由于叛徒告密，国民党特务逮捕了鄂西特委书记何功伟和我的妻子、特委妇女部长刘惠馨，他二人不久后牺牲，我的女儿也下落不明。我因外出视察工作侥幸得脱，潜往重庆向南方局报告，组织上同意了我报考西南联大，要我在昆明隐蔽，等待时机。

　　我如愿考上了西南联大外国语文学系，后转入中国文学系。根据我党提出的"勤业勤学勤交友"的"三勤方针"，我在西南联大一方面参与地下党工作，担任了联大党支部书记；一方面在全国著名大家学者的门下勤学苦读。我曾选修了文字学大家唐兰教授所开的说文解字及甲骨文研究两门课程和陈梦家教授所开的金文（铜器铭文）课程，颇有心得。四年后我大学毕业，获得学士学位，正欲继续深造，却得到南方局通知，调我离开了昆明。我作为共产党员，遵守党的纪律，奉命执行，只得放弃了在西南联大的学术研究，并将所有相关的笔记文稿付之一炬。此后，冒险犯难，九死一生，战斗到1949年末，迎接全国解放。

　　新中国成立后，我奉命从政，从此在党政群大大小小单位任领导职务，载沉载浮近七十年之久，精业从事，未敢他骛，遂与甲骨文绝缘。但常回忆当年，大师们谆谆教诲，念念不忘，无可奈何。

　　离休之后，在文学创作的闲暇时，竟就回忆当年所及，开始撰写"甲骨文拾忆"，尤其是2017年我的封笔之作《夜谈续记》完稿后，更是投入了关于甲骨文、金文在内的古文字研究，写出拾忆两卷，藏之书箧，未敢示人，一任鼠偷虫蠹。

　　2019年11月，忽见报载，甲骨文120周年纪念座谈会在北京开会，颇多专家学者参加并得到习近平总书记致信嘉谕，鼓励研究古文化学识古文字，方知甲骨文研究，大有进步，并提出在大中学生中科普甲骨文。我一见报道，兴奋无已，欲图效力。四川人民出版社社长黄立新也以为此乃甲骨文研究七十年历程笔记，虽有缺失，非常珍贵，很有价值，决定出版。我闻讯欣喜，冷藏多年的甲骨文笔记终于出世了，这或许可算是对七十多年前西南联大诸位大师谆谆教诲的厚爱吧。

马识途　时年百〇七岁

（写作于 2021 年 3 月 23 日）

谈小说《红岩》:一本"血写的书"

长篇小说《红岩》自 1961 年正式出版,到今天已 60 年了。对于它,我总是心怀一份特殊的感情。上世纪五六十年代,我见证了这部小说从酝酿、修改到定稿、出版的过程。

《红岩》描绘了重庆解放前夕在敌人监狱里革命志士坚强不屈、英勇斗争的感人事迹,他们坚定的理想信念和大无畏的牺牲精神,正是中共地下党员们的真实写照。从他们身上,我似乎看到了曾经并肩作战的战友们的影子。可惜,他们中的许多人倒在了黎明前夜,没有机会亲历我们祖国的日新月异、繁荣昌盛,也没有机会目睹百年大党的风华正茂。而我,作为一个步入 107 岁、有着 83 年党龄的老共产党员,替他们见证了这梦圆时刻。在这样的时刻,重新谈起《红岩》,谈起那些出生入死的革命往事,让人感慨不已。

一本用时近 10 年、底稿近 300 万字的"血写的书"

我和《红岩》的作者之一罗广斌是同乡,他的父亲和我的父亲是同窗好友,两家往来甚密。上世纪 40 年代初,根据党组织的要求,我考上了西南联大,在那里,一边学习一边从事地下党工作。不久,罗家人把罗广斌送到昆明交给我,希望他将来也报考西南联大。在昆明期间，罗广斌顺利考入联大附中高中，学业大有长进，还积极参加进步活动，成为我们党当时的秘密外围组织民主青年同盟的一员。后来，他回到重庆，和领导学运的刘国志联系上，并由江竹筠介绍他加入了中国共产党。江竹筠，正是小说《红岩》中江姐的原型。

1948 年，由于叛徒出卖，中共川东地下党组织遭到毁灭性破坏，罗广斌被捕，关进重庆歌乐山白公馆监狱。在狱中，他参与并见证了战友们可歌可泣的革命斗争。1949 年重庆解放前夕，国民党特务大规模屠杀关押在白公馆、渣滓洞等监狱的革命志士，纵火焚烧渣滓洞。几百革命志士，只有极少数人逃了出来。

罗广斌出狱后不久，我在重庆见到了他，他向我讲了很多当时狱中的情况。革命烈士们的英雄事迹，让人动容。不久后，他和狱中幸存的其他同志在重庆、成都两地向青年作报告，产生了很大影响。不少人，包括我在内，鼓励和催促他们将这些具体事迹写成读物，让更多人看到，让英雄事迹长留于天地。于是，罗广斌约好与他同时逃出来的刘德彬以及先他们出狱的杨益言，共同努力，撰写了回忆录《在烈火中永生》。

回忆录出版后，取得了很大反响。在多方面的关心下，又有了将其改写成长篇小说的计划，如今我们熟知的《红岩》由此诞生。《红岩》从酝酿到成书历时近 10 年之久，成书 40 万字，底稿近 300 万字，经历 3 次彻底"返工"，大改过五六次，小修小改不计其数。在此期间，作者们还给几百万青年学生和干部作过百余次报告。他们告诉我，每一次报告，都是创作过程，都要结合反馈再做修改完善。

《红岩》作者曾不止一次地说："《红岩》这本小说的真正作者是那些为革命献身的先烈。"这并非谦虚。小说中最动人的情节、最令人崇拜的英雄，都有现实依据和人物原型。小说凝结着烈士们的鲜血，真正是一本"血写的书"。而革命烈士的事迹和精神，也终究得到了历史的回响。长篇小说《红岩》一经出版，便被全国各地读者争相捧读，风行一时，甚至在海外也广为流传。据说，迄今为止，这本书已有过千万的发行量，成为最受欢迎的革命历史小说之一。

相信胜利、准备牺牲，为了那声来之不易的"同志们"

《红岩》反映了当时重庆白公馆、渣滓洞的革命志士前赴后继的斗争精神，可以说是国统区地下党斗争工作的缩影。这部小说的最终定名，正是因为抗日战争时期和解放战争时期，领导长江以南地区地下党工作的中共中央南方局就秘密设立在重庆红岩村八路军办事处。我们所说的红岩精神，也源于此。

我曾在中共中央南方局领导下工作过。几十年过去了，那些风风雨雨的日子还常常涌入我的记忆。那时，每天在白色恐怖中为革命事业奔走，在生死线上与敌人周旋搏杀。早上出门前，就已做好回不来的打算。"相信胜利，准备牺牲"，是我在党旗前宣誓时立下的坚定信念。靠着这一信念，我才能在这条没有硝烟却同样残酷的战线上，坚持斗争到胜利的那一天。

难忘 1949 年 12 月 29 日，成都举办庆祝解放大会，欢迎人民解放军入城，万人空巷。我坐在入城的车上，看到了我认识的地下党同志们，大家个个眼含热泪。入城第二天，我们第一次公开召开全体地下党员大会，得到通知的党员们从四面八方赶来。过去，由于地下党的工作纪律，很多同志互不认识，有的也许曾经认识，但并不知道是自己的同志，更有的甚至可能被其他同志怀疑过。不少人先是面带惊诧地互相望着，然后热烈地拥抱握手。

当我宣布开会，响亮地说出"同志们"三个字时，全场突然鸦雀无声，继而爆发出热烈的掌声和欢呼声，这样的表现只有长期在白色恐怖中生活的人才能理解。天亮了！我们这些地下党员终于能光明正大地聚在一起！天亮了！我们终于可以毫不避讳地大喊"同志"，可以堂堂正正地光荣宣布自己是中国共产党党员！这是多么来之不易啊！

我非常理解《红岩》作者，他们当初并不是作家，然而为了告慰烈士的英灵，为了不能忘却的纪念，为了让更多人从那些为理想信念无惧生死的革命烈士身上汲取精神力量，他们义不容辞地拿起了笔，将英烈们用鲜血铸就的红岩精神展现了出来。

我以为，作为一个作家，拿起自己的笔，让更多的人知道，在民族危亡之际，有一群英勇奋斗、不怕牺牲的共产党人，背负着民族的苦难和人民的希望，赴汤蹈火、万死不辞，积数十载前赴后继艰苦卓绝的斗争，才换来今天的新中国——这不仅在《红岩》诞生之时至关重要，在今天以及以后，都同样重要。

（写作于 2021 年 6 月 3 日）

满江红　中国共产党成立百年志庆

　　建党百年，航指向，千秋伟业。回首望，几多苦战，艰辛岁月。十亿神州全脱贫，万亿超百真奇绝。应记取，环视犹眈眈，金瓯缺。定方向，划长策，大开放，深改革。肃党风政纪，更当严格。船到中流浪更高，登山半道须防跌。十四亿，奋勇齐前行，尽豪杰！

（写作于 2021 年 4 月）

调寄沁园春

第十次全国作代会开幕致贺

齐放百花，争鸣百家，盛会空前。看俊男秀女，京城雅聚，老风新雏，合唱竞艳。佳作迭出，巨著连篇，艺术高峰竟登先。抬头望，见英才辈出，名流惊羡。

今临巨变百年，正"敢教日月换新天"。应歌颂时代，表彰英雄，弘扬正能，唱响主旋。人民为本，创新是显，领袖谆训岂等闲。作家们，快亮屏飞笔，喜迎新春。

（写作于 2021 年 12 月 9 日）

茶寿自题四诗

自　寿

行年孰意进〇八，岁月飞逝却自夸。

能饭能行何得意，擅书擅写老作家。

初心不改情无已，使命勿忘意不邪。

正道夕阳无限好，晚晴喜读漫天霞。

检　点

青春背我悄然去，回首烟云似幻霞。

偶得浮名何足羡，著书立说愿犹赊。

是非得失由人说，检点平生未愧怍。

得暇闲吟娱晚景，重翻古典读龟甲。

致　友　人

为谢至交祝寿忱，清茶代酒说陈年。

曾于虎口微悻出，继拜红旗步新尘。

三灾五难寻常事，九死一生残体存。

得失生前何必论，是非功过待来贤。

杂　感

时光飞逝虎年来，大苑迎春景色佳。

龙钟老叟不言老，凭窗欣赏腊梅花。

岁逾百龄犹未憩，四处逢缘就地家。

素食布衣聊自得，读书写字还潇洒。

琢句雕章觅贫字，挥毫泼墨乐涂鸦。

说古鉴今惊盛败，研经读史辨正邪。

乡谚俚语无雅俗，奇闻异事分真假。

公理自在天地人，正气昂然我你他。

文缘未了终身憾，革命到底且慢夸。

喜得知交重酿饮，平安互道乐无涯。

（写作于 2022 年 1 月）

感谢词

各位领导，朋友们：

大家好！

我的新著《马识途西南联大甲骨文笔记》由四川人民出版社出版了。今天在新建的阿来书房举行发布会，济济一堂，我本该出席，却因防疫不能到会，非常遗憾，只能派我的外孙刘晓远代我参加。

我的这本书创作出版的经过，已在我写的序言中说明，不再赘述。在此会上，我对四川人民出版社的领导和编辑表示感谢，蒙他们不弃，把我的甲骨文笔记手稿拿去，精心编辑，并聘请专家刻写古字和审读修改，做了出乎我意料的精美装帧，及时推了出来。看到此书时，我的喜悦无以名状。我也十分感谢我的文友阿来同志给我借光，在新建的阿来书房进行新书发布会，借此机会，我对阿来新当选为中国作家协会副主席表示祝贺，同时也祝贺阿来书房这个独具特色的城市人文客厅越办越好，成为成都这个历史文化名城的重要文化名片。

最近，我在网上看到一位热心读者对我这本新书大加赞扬，说这本书有学术性，有史料性，还有趣味性和文学性。我感谢这位热心的读者，并想做几点说明。

第一，学术性。这本书是有一些学术性的，但是我以为并不是一本学术著作。书中缺乏系统的解说，有不少缺失和漏解，甚至错解，只是就甲骨文一些字进行说解而已。这本书并不是我国文字的字源考，古文字的溯源那是专门的"字源学"的任务。我这本书，只是立意科普。

第二，史料性。这本书，确实也有些史料性。这种史料性首先是因为这本书是介绍中国古文字。古文字是古人把当时生活中现实存在的具体事务，转化成符号性的抽象文字，便于交流和认识事物。甲骨文是当时文化的载体，研究甲骨文，不仅让我们从现在使用的汉字，追溯到古文字发展源头，更可以反过来从抽象符号到实体事物，从中可以看到中国古文化发展的历史脉络。其次，这本学习笔记从侧面展示了西南联大教授们的研究成果与风采，也算是添了些史料性。

第三，趣味性和文学性，却是我立意写作时，就有意而为，希望读者从这些符号图形中欣赏到古人造字的有趣。一本书，当然希望有更多的人读它，希望能从读者中得到赏识的快乐。听说现在正式的学术著作，也力求艺术性的文字表达，让更多的人愿意读它。我这本书立意科普，当然要发挥我"业余作家"本能，写得有趣些。我努力把读来感受枯燥的文字符号，像创作散文那样，用文艺性的方式描述。只是这方面，我做得不够好，不够有趣，比不上当年唐兰教授在进行授课时，一点历史，一点趣话，信手拈来，使我们这些学生有兴趣学好这门看似枯燥的学问。

以上就是我想说明的几点。

最后，祝大家身体健康，万事如意。

谢谢！

茶寿老人　马识途

2022 年 1 月 22 日

第三部分 ※ 精彩语段

身老江湖仍矢忠，心存魏阙常思国；
强国富民待后贤，开疆建党仰先彦。

——2021 年为庆祝建党百年书写的书法作品内容

……属相是按农历算的。我生于甲寅年的腊月初三，寅属虎，所以我属虎。我不喜欢恭仁谦让老是受宰割的兔子，我倒喜欢威武雄壮敢打敢拼的老虎。不是迷信，我自以为有幸生于虎年，我喜欢虎虎有生气的老虎性格。所以你到我家里看看，除开墙上挂的大画家尹瘦石送我的双马图，地上摆的朋友送我的唐三彩立马外，满架子摆的都是昂然雄立的伏蹲前扑的陶虎石虎。我从这些雄马和猛虎身上吸收了无穷的精神力量。这种精神力量曾给我从事地下斗争增添了勇气和智慧。

选自《我属虎，不属兔》

　　我是半路出家的作家，不能算是一个出色的作家，虽然写了一大堆作品，却都是利用公余之暇或开夜车写的，比较粗疏，无足称述。但是我可以大言不惭地说，我曾经参加过中国革命，也许算是一个革命家，那时候叫做"职业革命家"，因此我写的作品，如果可以叫做文学作品的话，那算是革命文学作品吧。我是想用我的一支拙笔，从一个侧面来反映中国人民的革命斗争生活，表现他们在外受列强侵略，内遭专制压迫的极其困难恶劣的环境中，仍能保持中华民族精神，前仆后继，英勇斗争的革命事迹。让某些号称要"淡化革命，颠覆英雄，否定崇高"的作家知道，中国的确经历一场伟大的人民革命，的确出现过许多民族英雄，世界上的确有崇高的事业。这样的民族精神，这样的崇高英雄和他们所从事的神圣事业，是中国人民永远不应该忘记的。

选自《〈马识途文集〉自序》

要说是把自己的文章转化为铅字在报纸刊物上发表出来的算第一个作品的话，那就要推回去到一九三五年我在《中学生》杂志上发表的一篇应征入选的散文，或者叫做报告文学，这篇作品的题目我记不准确了，大概是叫《万州一瞥》之类，我用的笔名叫马质夫。《中学生》是叶圣陶等先生创办的，由上海开明书店出版发行，是一个在中学生中很有影响的杂志。我当时在上海读浦东中学，是《中学生》的长期订户，从阅读中我获益不浅。有一期《中学生》上刊登了征文启事，要中学生按征文要求作文应征。我当时在班上的语文成绩是比较好的，作文常常受到老师的称赞，但从来没有想给报刊投稿。这一次我不知道从哪儿来的勇气，竟然一挥而就写了一篇报告地方风光的文章，并且写上一个化名，毫不犹豫地用平信投进邮筒。可是一投进去，便失悔了，自己责备自己太冒失，把自己的名字和文章转化为铅字在杂志上印出来，简直是不可思议的事。可是过不多久，我突然收到一封《中学生》杂志社寄来的挂号信。我庆幸没有被别的同学发现，偷偷地拿到校园小亭中去拆阅。我料定是把我投的稿子退回来了，不然怎么会挂号呢？我把信纸从信封里抽出来，并不见我的稿子，却有一封铅印的信，并带出来张汇款条子掉在地上。我没有来得及看信，赶忙把汇款条子捡起来看，我傻了眼，六元钱的汇款单。我从来没有想到这种征文还能得稿费，而且这样多，快够我一个月的伙食钱了。我看了铅印信，知道我的文章入选了。我欣喜欲狂，却不敢在小亭上大笑。我赶忙把信收捡起来，连好朋友也不让知道，找一个机会偷偷溜到附近邮局去取了汇款。我耐心地等待着《中学生》的寄来，准备偷偷地欣赏自己的作品，并且下决心到小馆去自我慰劳一回。

选自《我的第一个作品：革命》

假如说鲁迅是中国的脊梁的话，我说巴金就是中国的良心。

选自《告灵》

我看到过鲁迅。（1932年冬）一次是鲁迅到北京师范大学讲演，那时我在北平大学附中，我和比较好的几个同学一块去听他讲演。他讲完马上就走了。……第二次是鲁迅去世。我们当时对他很崇拜，也去悼念他。我那时在南京的中央大学，思想已经进步了，专门跑到上海参加鲁迅的葬礼。我在殡仪馆里确实看到他了，当时还照了相，这就是第二次。

　　鲁迅思想对我的影响确实很深。当时他经常在上海的《申报》这些报纸上发表杂文，对我们学生很有影响。他都是用化名，发出来以后我们就猜报纸上哪一篇是鲁迅的，大家一起读。鲁迅的杂文非常精彩，对我们在思想上产生了很大的影响。

选自《文学将生命延长》

　　1995年6月，巴老在杭州养病，他的侄儿李致前去看望，李致回成都时，给我捎来一本巴老亲自签赠我的新著《再思录》。据李致讲当时的情况，他推巴老手推车出外游走后回房，巴老叫李致为他取出一本《再思录》放在桌上，那时巴老的手颤抖得厉害，他却几乎用左手按着右手，吃力地在扉页上题写，写了一个"马"字，李致还不知是送谁的，看他写出"识途"二字并签上"巴金"后，才知道是送我的。过去我虽然已得巴老几本签赠的书，却怎么也没想到，也不敢想：巴老重病在身，难以握笔，还不忘赠我新书。我捧书在手，不禁涕零，于是我决定，虽然巴老已无力读我的书，仍以一本新出的杂文集《盛世微言》回赠，并在扉页写上如下的话：

巴老：

这是一本学着你说真话的书。

过去我说真话，有时也说假话，现在我在你的面前说，从今以后，我要努力说真话，不管为此我将付出什么代价。

谢谢你赠书《再思录》。

马识途

1995 年 6 月 15 日

选自《旧话重说》

我想中国的作家就应该学习巴老，说自己真诚相信的真话，不要说自己内心并不相信的假话。也不要说起话来吞吞吐吐，一会儿"不过"，一会儿"但是"，一会儿要"具体分析"，一会儿还要顾及"后果不堪设想"。口说"从实际出发"，却是一切从个人眼前利害出发的赤裸裸的"实用主义"。结果说来说去，口欲言而嗫嚅，足欲前而趑趄，甚至貌真而实伪，口言善而心行恶，这样的作家还有什么当头呢？

选自《读〈也谈"真话"和"真诚"〉》后记

我为了拿闻一多给《大路周刊》的稿子到他家里去。他的家从工华中学小楼上搬到西仓坡联大宿舍里来，和吴晗恰好是斜对门。房子虽不大，家具也可怜，但他只要有一桌，一椅，一个台灯，再加上把加固了的躺椅，也就心满意足了。这里比在昆华中学安全得多，无须常常要学生陪他回昆华中学去了。和吴晗斜对门，有更多的机会交换意见。我也是常常到了闻一多那里，出来以后，又到吴晗那里去坐一会儿的。

我才坐下随便谈了几句，就说到外边的谣言。我以为他或者会感到丧气，或者会感到愤怒吧。不，他反倒变得更冷静了。他把文章给了我，我才发现他的桌上不是正在写的学术著作，而是正在写着的政论性和文艺性的文章，而且不止一篇。他不是听了谣言和恐吓感到担忧，感到愤慨，也不是潜心于他曾经醉心的古文学研究，也不是为了挣糊口之资的"小手工业"而忙碌，而是在深夜里埋头苦干，为报刊写稿子，向旧社会投出一支支锋利的投枪。那么沉着、冷静和勤奋，大有"不管他们，走自己的路"的气概。我除了对他表示尊敬，还能说什么呢？曾我临行前告诉他，外面咒骂他是"疯子"，他从眼镜的边上望我一眼说："这个社会，我要是没有找到正确的大路，是会发疯的。"

选自《锋利的解剖刀》

艾芜老人走了。永远地离开我们而走了。

他走了，却并没有留下多少遗憾。在人世间，大去而没有留下多少遗憾的人是很少的，我想他便是一个。一则他活到了八十八岁，如果按古人说的五十即为寿的话，他可算是长寿了，夫复何憾？二则他在文学创作上作出巨大的贡献。

如果把人分成索取者和给予者的话，他是给予者，他向社会索取很少，却给予很多，有宏文十卷在。他还为革命付出过坐两次牢的代价，还为培植青年作家付出过许多时间和精力。然而他一生安贫乐道，所索取的不过是一个知识分子起码的俭朴生活，像他这样把一生奉献给人民的给予者，最后坦荡地走了，还有什么遗憾？

但是他的去世，对于我国文学界，却不能不是一个巨大的损失。对于文学后辈，特别是我，不能不引起深沉的悲痛，不能不感到巨大的遗憾。

选自《青峰点点到天涯——悼念艾芜老先生》

李劼老正如巴金老所说的"是一个写实主义者"，也就是现实主义者。但是有人问，他的作品是旧现实主义的吧？郭沫若也说他是"中国的左拉"，和左拉的自然主义拉到一起。其实他的手法虽然有旧现实主义的影子，但并非自然主义，而且他是一直反对自然主义的。从他的三部曲看，他却是向新的现实主义前进的。当然就是他在马克思主义光照下修改的《大波》，也许不能说是革命现实主义的作品，但是无论他的政治思想倾向或是文学创作倾向，都是向前的。他在政治上倾向于革命，他的作品倾向于革命现实主义。一个老的知识分子从旧的谴责小说起步而达到向革命现实主义逼近，也是难能可贵的了。他想把中国历史用艺术长卷记录下来，其雄心也是可嘉的。

选自《应该好好研究李劼人》

我们如果要研究沙汀，特别是研究沙汀的作品，不能只停留在对他的作品的一般的粗浅介绍，把他当作"乡贤"的一般赞誉和尊敬，而要把这个当一门学问来研究，要掌握大量的资料和事实，要在别人研究的基础上更进一步，要列出一批研究题目，按轻重缓急，组织起来进行系统研究。

说到学习沙汀，那也有许多内容。他的人品和文品，他对于马克思主义的坚定信仰和对于改造思想自觉性，他的热爱生活和热爱人民的性格，他的坚持深入生活，坚持现实主义的创作方法，他让作品说话而力避说教的作风，他为人处事的认真和诚恳、刚直和热情，他对于几个好友如巴金、艾芜、陈翔鹤、张秀熟等同志的友情的珍重，他对于后进的加意爱护和扶植，如此等等。他的确无愧于一个灵魂工程师的称号，无愧于一个共产党员的光荣称号。

选自《研究沙汀，学习沙汀》

一问，谁来守望我们的文学家园？

二问，谁来保卫我们文学的美学边疆？

三问，谁来坚持在马克思主义光照下的社会主义主流意识？

选自《马识途：作家，要守住良心》

我静观默察今天的文坛，有一喜，一忧，一愁，一惧。

一喜的是我们到底迎来了一个比较宽松和谐的创作环境，不像我们那时动辄得咎，无所适从了。因而新秀辈出，群星闪烁，力作迭出，光耀文坛。而且他们已经形成文坛的主力军集团，青出于蓝而胜于蓝。后继有人，我们大可放心了。

一忧的是在文学和影视创作中出现的某些低俗化倾向。在利益的驱动下，低俗、庸俗、媚俗、恶俗之风，不胫而走，花花绿绿，摆满书市。有意打"擦边球"的泛黄作品，所在皆是，以至身体写作之类，"三头（枕头、拳头、噱头）主义"之作，大行其道，愈演愈烈。至于戏说中国历史，乱改红色经典，歌颂封建帝王，展示糜烂生活，暴露社会丑恶、尔虞我诈的详尽刻画，对性生活的淋漓尽致的描写，已是充斥书市和荧屏，司空见惯了。这些文学，在创作总量中占多大分量，我不得而知，但大有喧宾夺主占领市场之势，令人心忧。

一愁的是在目前一片产业化的呼声中，许多文化部门、文艺团体都在领导的动员下，摩拳擦掌，行动起来，我们作协如何产业化？心里一直没底，实在令我发愁，那些出版、发行、放映单位等，本来一直在市场中运作，一说产业化，改制成立集团，驾轻就熟，好像容易些，可是我们这些作家团体，一直是吃"皇粮"的事业单位，哪懂得什么产业化？做生意过去试过，全都蚀本搞光，还差点把我这个作协的法人弄到公堂，我正在茫然无计，忽然看到中央领导同志讲话，说"根据六届四中全会精神，要坚持一手抓公益性文化事业，一手抓经营性文化产业的方针"，才知道并不是所有的文化事业都要产业化，因此作协这种文化事业单位如何做法，还得从长计议。也许我们许多作家，仍然可以在文学创作中，经营自己那"一亩三分地"，"挖自己那口深井"，施展自己的才华，精益求精地拿出高水平的作品来。我高兴地看到阿来、裘山山和许多青年作家都还是孜孜以求地从事雅文学的创作。

我想我在这里必须说明，我绝无意否定文化产业化的大方向，也深知文艺部门体制终将改革，铁饭碗终将被打碎。甚至我从中国作协领导同志谈建构和谐社会时说的"文学是意识形态领域的重要组成部分，是电影、电视、戏剧等其他艺术门类的基础、源头和母本，对广大人民群众有极其重要的思想影响和情感熏陶，潜移默化地影响着人们的理想信念、价值取向和思想道德"这样的话中受到启发：文学既然有如此重大的作用，作家除开发挥自己的长处努力创作出高质量的文学作品外，也可以有一部分作家转入产业化了的电影、电视、戏剧等其他艺术部门，帮助他们创作出较好的"母本"来，也可以组织起自负盈亏，专门提供本子的创作集体，当然什么时候也不要忘记自己是一个作家，不能放弃文学创作。……

作家如果到某些文化产业化的部门，当然要努力为那些文化企业在市场上占有更大份额，取得更大利润，但是我以为文化产品除开具有商品的属性外，它还具有意识形态的内涵，具有认识、娱乐和教育的作用。这无疑是更其重要的东西，商品不过是它的负载形式而已。

因此写什么，怎样写，更应受到作家的重视，不能被蝇头利润和丰厚的报酬牵着鼻子走。一个清醒的作家应该自觉地抵制低俗恶俗的倾向，为提高这种文化商品的品位而努力，让受众除开从中得到愉悦外，还能受到良好的潜移默化的影响。这就是我们说的社会效益，也是文化商品不同于其他商品的根本所在。如果文化变成单纯的商品，它就要遵循市场的规律以追逐最大利润作为其出发点和归宿点，如果掌控不好，就有流于低俗化的危险。这是我们作家所不取的。

一惧是一直作为文学主流的雅文学的日益边沿化和文化霸权主义的咄咄逼人。这几年来，许多人慨叹雅文学的不景气，在社会上日益受到冷落。除少数名家，读者越来越少，出版越来越难，印数越来越少，稿酬越来越低。于是有的作家不能不乞灵于书商的钱袋，跟老板的指挥棒转，写些无聊的低俗作品，帮助老板赚钱，哪管社会效益。有人告诉我：你五十个雅文学作家创作五十部雅文学作品，平均每部只印几千册，还不如书商炒作包装一两部无名作者写的擦边球地摊文学，印他五十万册一百万册所产生的经济效益。听起来不觉悚然。

选自《文学三问》

中国作协和人民日报联合开辟"网络文学再认识"专栏，希望大家一起来探讨当前网络文学的发展，我认为这个做法很好。

十年前，我就提出要特别注意网络文学、儿童文学、通俗文学。当时，文学界"三俗"现象相当严重，大家都很关心如何提高作家作品的品位、格调。现在看来，这些问题似乎依然存在，而且比较突出地体现在网络文学作品中，应该引起我们的注意。

······

我们需要重视的是，如何扶植和发展网络文学，如何正确评价网络文学，如何克服网络文学的短板和缺点。发展网络文学，不是一个单纯的文学创作问题，而是一个群众路线问题，是如何引导我们的下一代走上健康道路的问题。了解网络文学的现状和生产规律，正视某些不良创作倾向，正是为了更好地发展网络文学。

当前，对于网络文学，要研究如何增强其力量、壮大其队伍、提高其艺术水平。具体而言，我认为以下几个问题比较重要。

第一，我们应该认真调查网络文学发生和发展的过程，研究网络文学和通俗文学的历史传承脉络。网络文学为什么能如此迅猛发展？青少年中怎么会有那么多"粉丝"喜爱？这需要我们思考。了解读者需要，本来就是作家的本职工作。

第二，调查研究网络文学的生产和销售环节是怎么运作的，特别是现有的网络作家的生存状况及他们的思想环境、创作特点，等等。网络文学的生产力是最中心的问题。当然，主要目的不是去调研他们的短处和缺点，而是去了解他们的技能、长处和经验。

第三，我们有作家组织和众多的有创作经验及较高文化水平的作家，应该有意识地鼓励一批有志之士下决心转入网络文学创作队伍，写出好的网络文学作品，提高网络文学的文化素养和艺术水平。从事纯文学创作的作家千千万，虽然都具有作家的基本水平，都想上升到作家金字塔的顶端，但是古今中外能够到达光辉顶点的作家终归是很少的。这些作家一年写出几千部长篇，但能得到出版和读者普遍喜爱的只是少数。或许我们一百个纯文学作家的作品发行总量还不如一个网络作家作品的阅读数量，从人力上和经济上，两者是有差异的。我设想的引导纯文学作家转入网络文学创作，不是一件容易且短期能奏效的事，实施起来要有耐心、有韧性。当然，我的这种想法不一定能为一些作家所接受。

……我想要提醒的是，对网络文学以及影视文学中存在的"三俗"问题，我们要引导，但是不能操之过急。文艺界的事，要善于引导，也要宽容一点，这是我从过去的教训里得到的经验。

选自《要善于引导，也要宽容一点》

问：在小说创作中，您如何把握写实和虚构的关系

答：我在西南联大时得到过一些科班训练，有点写作的基本功。你说的写实和虚构，在我看来并没有这样一个感觉，我要写什么就写什么，能想到什么、经历过什么，我就写什么，无所谓真实和虚构。一个作品里是不是需要有一些必要的艺术上的加工呢？那

当然是需要的。既然是作家，既然要写作，总要遵循艺术上的规律吧？这个规律也就是你们说的虚构。实际上，我是把艺术的功能放到具体的革命经历上，这样联系在一起。我就是写一段一段的生活，就这么写下来了。

选自《文学将生命延长》

做文先做人，写书先读书。我们搞创作就是做文。也许我们的青年们会说，做人有什么不会的，我们都是人，我们都会做人。真正的一个人要做人，特别是一个文学者要想当作家这样的人，确实不是一个简单的事情。一个人，真正要做好人，我说的不是那种能够吃饭、穿衣、睡觉等等的人，我说的是本性的人，要做这样的人，恐怕就不是那么容易的。你要真正做一个本质的人的话，必须是具有独立人格和一种自由的精神，他不是一个为人奴役的人，也不是去奴役别人的人，也就是三字经中"人之初，性本善"的善人。而不是那种追求名利、追求低级趣味、把文学创作当做自己的敲门砖，当做自己升迁的砖头、台阶，或者要想借此来作为自己取得金钱、名利的一种工具，文学它不是一个可以让人来利用、作为满足物欲的一种工具，它是一种净化灵魂的工具。写书先要读书。一个从事文学创作的人，假使没有读很多很多的书，没有丰富的知识，那是不行的。

另外，作家要甘于寂寞，不能为世俗所牵走，不为名利所动。

一个作家，严格说来，就是思想家，或者努力地要使自己成为思想家。思想家是可以超越时空，可以洞察事物，可以看透人心的，可以大彻大悟，接近真理的。我们希望，每个作家都要以思想家作为自己的奋斗目标，所有历史上和现代真正的著名作家，可以说都是思想家。他们是真正看透了事物，看透了人心，接近真理，有很高的思想境界。这种境界可以说是大彻大悟，他真正悟出了人生的真谛，悟出了社会的真理，这样的人写出的作品就是高水平的。以思想家作为自己努力的方向，我认为值得搞文学的人学习。

起点不是顶点，更不是终点。我们要永远把自己放在起点的位置上，永远不要觉得自己达到了顶点，这样你才能不断地上升。不自满，永远怀着学习的态度，从头开始，从头学习，你也许能写出好的作品。

"我们的文学应该是雅俗共赏、老少皆宜，继承中国传统，形成中国特色的社会主义文艺。"

选自《马识途访谈》

问：习近平总书记在文艺工作座谈会上讲话时强调，希望广大文艺工作者努力创作更多无愧于时代的优秀作品，弘扬中国精神、凝聚中国力量。请问您是怎么理解的？

答：总的来说我们的文艺发展是比较好的，总的倾向比较好，形势也是比较好的，但是实际上我们在文艺上还没有真正到达习近平总书记所说的"高峰"，没有创作出真正的传世之作。习近平总书记在文艺工作座谈会上讲话，我认为无论从理论上，还是从具体实践上，他都说得非常好，文艺界如果能认真学习、身体力行，我们国家是会再现文艺"高峰"的，我很有信心。

我曾经发表文章说过，我们的雅文学，为什么被边缘化了？读的人少了？我认为这是因为我们的雅文学里确实缺乏一些中国作风和中国的气派。社会主义文艺是人民的文艺，文艺是为老百姓服务的，只有深入人民群众，欢乐着人民的欢乐、忧患着人民的忧患，才能出精品、冶心性，否则就是无根的浮萍、无病的呻吟、无魂的躯壳，造成沉渣泛滥、"垃圾喂养"。

我认为马克思主义文艺思想仍然是我们一切文艺工作的指导思想，离开了马克思主义，离开了人民，什么文学也不行。我们的文学应该是雅俗共赏、老少皆宜，继承中国传统，形成中国特色的社会主义文艺，这是很要紧的事情。

选自《马识途访谈》

这是一个商品经济的社会，商品是可以复制的。然而文学是不能复制的，文学就是创造，文学就是在人们的心灵中创造真善美，这就是文学创作。……文学是创作，是不能复制的，但是文学的最感人之处却在于能够创造出人类心灵共同感受到的颤抖，一种使人震撼的心灵美。

选自《忽然想到》

获奖与未获奖对于一个作家来说，以平常心对之。获奖是上马镫，也可能是绊脚石。可以激励更上一层楼，也可以从顶点走向终点，走下坡路的开始。一者成名，可终身受用，然而好作品呢，休矣。

选自《麦家〈暗算〉获 2008 年茅盾文学奖》

散文，不仅要有情有致，还要多关注人生，反映现实生活，于世道人心有益。当然，我这又是"文学有用论"了，与文学无用论者是不可同日而语的。

学写散文，我以为要以冰心和朱自清为榜样。首先要有他们那样的心与情，那样冰清玉洁的心，那样善良和纯真的情。洞察世相，深谙人情，大悲大悯；能入又能出，故能悟，悟之透，才能有他们那样的心境，才能写出他们那样的散文。他们的散文不是写出来的，更不是做出来的，而是从他们心中自然流淌出来的。所以，散文贵在真情，贵在彻悟，贵在自然。

现在有些散文，总觉得有些做作、卖弄，故作高深，故作有趣，取悦于人，取笑于人，取媚于人，其实心无所缩，情无所动，理无所明。他们的文章是在有意做给人看的。这样的散文很难打动人心，启迪心智。从古至今，凡是有生命力的散文，都绝不是那种遁世、厌世、玩世的小品文，也都不是那种花里胡哨、以卖弄为能事的空心文，而是那些真正入世的、关注人生的、具有入地狱的大悲之心的文质俱佳的散文。古人一贯主张"文以载道"，这个道，就是生活。既远离现实生活，又缺乏真情、真意、真知，怎么可能写出好的散文呢？

选自《散文要反映现实关注人生》

作家都是把真话说成假话，但同时又把假话说成真话，由真实生活——写作虚构——艺术真实。实——虚——实，就是创作过程，是源于生活，高于生活。任何作品都不可能凭空捏造，但任何作品都不可避免虚构、典型化，以达到更集中更典型的更高级的艺术真实。这就是马克思主义的典型论。

选自《一切文学作品都是说假话吗？》

创作要深入生活。即所说"三贴近"（生活，现实，群众）是必要的，没有生活就没有创作。生活是源，创作是流。但是有源不一定就能流，有了生活不一定就能创作，还必须有其他的条件，即有强烈的美学追求和被生活激发出的昂扬的激情才行。没有生活，不能出艺术，但生活并不等于艺术，必须有美学的加工、提炼、凝结、升华才行。因此创作中遵循美学固有的规律是成败的关键。因此先设主题，分配任务，下去生活，回来创作，就可以产生好作品，未必一定。艺术创作不是急功近利的事。配合政治任务，搞形式主义，劳民伤财，不是好办法。可以号召，可以强调，但什么时候，写什么，怎样写，表演什么，怎样表演，是作家艺术家自己的事，不可横加干涉。

选自《艺术随谈》

必须研究灾难文学如何创作才好，要从历史和西方文学作品中做研究借鉴。西方文学中灾难文学比如战争文学不少，小说、电影、报告文学都有，如《西线无战事》《魂断蓝桥》都不是努力写灾难的苦难和英雄佳绩，而是透过苦难，透过英烈写人、人性、人性的碰撞，写人道主义、人生价值、生存意义的哲学上的思考。不是直写战争的惨烈斗争，而是以战争作为背景，作为由头而展开写人的思想情感，写人性的变化，写真善美与假恶丑在灾难中的对立斗争，而凸显人道主义的光辉。写各种人物在灾难中的各种内心思想和行动表现，从而发掘出人性光辉，美的灵魂。

所以我赞成作家阿来在评论一个反映汶川地震小说的观点。更大的生活面，更深的生活层的开拓，各种人在灾前各种不同生活道路和人生感悟，爱、恨、善、恶，而忽然全部陷入大灾难中，每个人的生活道路都改变了，思想变了，人生的感悟变了。共同在大灾的考验面前，散发出世界的人性的光辉。团结、友爱、奋斗、牺牲、悲怆、壮烈……交织在一起，不是人定胜天或豪言壮语，而是与人与大自然的和谐，人与人的和谐，是悲欢离合人性的表露，如此等等。我很欣赏的反映二战时的电影《魂断蓝桥》，可以说是一个经典。

选自《谈灾难文学创作》

　　我以为一切文学都是人的真善美与假恶丑矛盾斗争的美学描述，是人性与兽性的斗争的表述。人类要向文明深处发展，就要鼓励文学表述人类坚持真善美，战胜假恶丑，回归人性，去除兽性。

选自《读文随记》

　　我们应该还要另辟蹊径，各显神通，出更多更好的有特别风格的艺术作品来。对于这些版画的农民作者，我只希望：第一，走自己的路，不管别人说什么，要有自信；第二，百尺竿头更进一步，精益求精，不要自满；第三，要学习艺术创作的基本规律，在布局、构图、色彩上更下功夫。努力提高，但要依自己已经开辟的方向上去提高，千万不要照艺苑大师那么一提高，丧失了自己的真实、朴素和幽默感。最后还寄言为他们做辅导的艺苑园丁们，你们的工作是卓有成效的，你们的路子是对头的，农民画家们不会忘记你们，人民感谢你们。希望更加努力，产生更多更好的农民版画。

选自《别开生面的农民版画》

　　我历来主张作家和写文章的人要努力加强自己的文化素养。一个作家对于中国的传统文化和历史，应该有较多的了解。一个地方作家对于那地方的历史文化、社会掌故、民风民俗，更要有较多的了解。而且我还主张一个作家，不说通百家之言，习诗词歌赋，总应该读过《古文观止》《唐诗宋词三百首》或《千家诗》，看过《红楼梦》《三国演义》等古典小说，正史野史也读过几本吧。在旧学中，这可是童生的起码功夫。现在新学课程多，知识面广，不能那么要求了，而且"学好数理化，走遍天下都不怕"已经深入童心，要他们读那么多中国古书，已不现实。但是作为一个作家，一个编辑，这样的要求，我看并不过分。——这就是我想说的题内的话。

选自《何来"不坠乌龟"》

杂文既要有深刻的思想，又要有艺术的魅力，具有历史的思辨性和艺术的感染力，没有对新社会诚挚的政治热情和厚实的文学功底是办不到的。因此，一个好的杂文作家，如果严格要求起来，就要像鲁迅那样，具有政治家的洞察世事的能力和强烈的历史责任感，具有理论家的见微知著、由表及里分析事物的能力，具有学术家博览群书的渊博知识，具有散文家汪洋恣肆、斐然成章的文字功夫，还要具有诗人的烈火般的热情和一往直前的无畏勇气。要像鲁迅那样做到这一步，或接近这一步，杂文作家要作毕生的努力。

选自《时代还需要杂文》

　　我们应该坚信，青出于蓝而胜于蓝，后来居上，是历史发展的必然规律，我们固然要崇敬老一代的大师，但尤应特别珍视新生的壮芽，因为将来是属于他们的，希望应该寄托在他们身上。

选自《看八人画有感》

　　一个艺术团体想要办得兴旺发达，第一要有一些热心的领导人给予大力支持，他们不仅从物质上给以支持，在精神上能够理解艺术家，放手让他们去耕耘，还为他们遮风挡雨。第二要有一批热心的艺术家亲自主持其事，他们不为名利，一心只为艺术，有主张，有个性，有追求，并且热忱服务，甘为人梯，终生不倦。第三要有好的党的领导，所谓好的领导就是好的服务。那就是要在"二为"方向和"双百"方针指引下，认真贯彻执行党的知识分子政策，充分发挥艺术家的积极性，努力创造出无愧于伟大时代的作品来。并且注意给他们提供工作的必要条件，经常关心他们的生活。只要认真这么做而不是相反，一个艺术团体没有办不好的。

选自《祝成都画院成立十周年》

我至今认为，文化这种产品和艺术活动，虽然不得不以商品的形式进入市场进行交换，但它是一种特殊商品，虽具有商品的性质，却不可以商品化。所谓"化"者，彻头彻尾彻里彻外之意也。因此它不能像一般商品那样在市场上自由竞争，以经济效益定优劣，而应该以社会效益定好坏。我们的文化政策也应该是根据社会主义文艺的规律性，按提倡有益，允许无害，反对有害的原则，分别加以提倡和保护，允许或限制，以至禁止和取缔的办法来制定，而且还要有一套相应的可以操作的运行机制来实行。

选自《我不赞成文化完全商品化》

中国书法是中国独有的一种艺术表现形式。它是书法家的思想、感情和品德的一种特殊的艺术性的宣泄形式，所以古人说"书为心画"。既然是艺术的表达，它就必须遵循艺术的规律，因为是书法艺术，它就必须遵循书法艺术的特殊规律。人人都有思想感情和品格，不是人人都可以成为书法家。进行各种艺术活动的人很多，他可以成为作家、戏剧家、音乐家，不一定能成为书法家。书法艺术可以说是绘画艺术的一支，所以有人把它叫作抽象画。然而我以为书法与绘画同源而分流，书法不是绘画，画家可以且较易成为书法家，但他没有掌握书法艺术的特殊规律时仍然不是书法家。甚至书法虽然以中国文字作为载体，天天使用文字的人，不经过刻苦学习和锻炼，也不能成为书法家。有的人就是经过刻苦学习和锻炼了，一辈子也成不了书法家，像我这样就是。所以我觉得，无天资者不可学书，无学养者不可学书，无耐力者不可学书，欲以之作敲门砖沽名求利者更不可学书。如此说来，学书难，成书法家更难了。

选自《写字人语》

回首我的书法实践，作品虽不足以传世，但我积八十年习字的经验，仍有愚得。我对书法的观点是：

一、书以载道。书法不是无所为而为，任何艺术作品在艺术性之外，还有思想性，书法也不例外；

二、书贵有法，书无定法。习书临帖的基本功绝不可少，由远而近，由近而远，在有法无法之间，于有法中求无法，独创一格；

三、不以画代书法。不要把字写得花花草草，以至不能辨认，还反以创新自诩。书法创造性是必要的，但也要有章法；

四、不以书法为求名得利的工具。艺术家品格高低决定其作品的高低。

选自《学书法》

在《红岩》的创作过程中我们清楚地看到，一部好作品的出世，必须遵循毛主席的教导，首先深入火热的斗争生活，观察、体验、研究分析一切人、一切阶级、一切群众、一切生动的生活形式和斗争形式，一切文学和艺术的原始材料，经过相当时期的酝酿，然后才进入创作过程。同时在创作和修改中，除开继续坚持学习毛主席的著作，坚持用毛主席的文艺思想武装自己的头脑外，还要大量阅读、学习优秀作品，不断提高自己的写作能力，磨炼自己的艺术技巧。锲而不舍、精益求精、反复锤炼，才能成功。这里没有什么可以偷巧的地方。

选自《红岩挺立在人间》

那么，什么是红岩精神？

我希望当时在创造红岩精神、实践红岩精神，目前健在的老同志，应该努力回忆和思考，说出当时发生的事实，阐述当时的革命精神，揭示红岩精神的内涵。

这里，我愿意抛砖引玉，对红岩精神的内涵作一初探：

坚定的革命信仰，勇敢的战斗精神，永远的群众路线，灵活的战略战术，实事求是的工作态度，艰苦朴素的生活作风，严格自觉的组织纪律，批评与自我批评的精神，永不停歇的学习习惯。

团结，紧张，严肃，活泼（抗大校训）。

勇敢，忠诚，谦虚，谨慎，勤业，廉洁，俭朴。

团结进步分子，争取中间分子，孤立顽固分子，打击反动分子。

发动群众，依靠群众，为群众服务，永远置身于群众之中，永远走在群众前头。

向革命理论学习，向群众学习，向错误学习，向敌人学习。

不搞宗派山头，不结小团体，不搞个人主义，出淤泥而不染。

自觉改造自己的主观世界，改造世界观，提高自己认识客观世界、改造客观世界的能力。

选自《什么是"红岩精神"》

写真实，这已经是作家们说烂了的一个题目。然而什么是作品的艺术真实，它和生活真实是什么关系，如何把世俗中随处可见的真实生活转化为美的形象，不仅给人们以美的享受，还能启发人们去思考，去追求？解决这些问题却不是容易的事。这不仅要求真实，要求认真地生活和创作，而且需要诚实的品格，要把世界上美好的纯真的事物作为自己虔诚的信仰，并且为了使之能给人以启迪和信念，不惜贡献自己的全部心力以至生命。这需要在生活中苦苦追索，要在世俗的污泥浊水中去挖掘，拂去尘泥，使之熠熠生光，告诉沉沦于世俗观念，终日惶惶驰车的人们，这才有价值，这才是本质，这才是人。而这也才是作为美的载体的文学的最崇高的目的。

选自《创作需要真诚》

好像是说这么大年纪，理应是赶不上时代潮流的了，无怪乎许多人把老年和保守落后总是联系在一起。别的行业我不敢说，要说作家，这二者是并无必要的联系的，甚至是理应没有这种联系。看看中国的许多老作家，如巴金、冰心可算老了，可是他们的思想什么时候是落后的？什么时候不是老当益壮潮头立的？一个作家如果思想老化了，便不再成其作家了。

选自《作家们，上网吧》

我以为作品写四川的人物事件，而不具有川味，那是不够味的，假如不能说不够格的话。川味并不是猎奇，而是要有四川人的气质、风度、语言、情趣、幽默感、风俗习惯、山川景象，而且是典型化的。这样就易于在艺术上异彩纷呈，在中国文艺中占有特殊的地位。川剧、川曲、川歌、川舞，都是如此，川文、川影视也应如此。看看李劼人和沙汀的小说，看看电影《抓壮丁》，都是以川味取胜的。我想套用一句话：越有地方性就越有全国性。

选自《名著改编和地方特色》

川剧的振兴当然还是在抢救、继承、改革、发展八个字上做文章。第一方面也是最紧迫的方面，是抢救老艺人们的传统表演艺术，把他们的精湛技艺进行录像，汇点滴以成江河。同时请他们物色可以造就的徒弟，精心传授，承宗接代，使之青出于蓝。还要出一批研究题目，分头请他们悉心研究，在一定时期和一定范围内进行座谈讨论，这些都要在一个一个老艺人身上落实，列入计划，定期检查，帮助解决困难。特别是年事已高的老艺人，更要分轻重先后，大力抢救。抢救的话已经说了许多年了，似乎成效不大，这一次我希望再不要说在嘴上，写在纸上，不落实在行动上了。

第二方面是从那"唐三千，宋八百，数不清的三列国"的众多传统剧目中，认真选出一批好戏来。比如说先选出五十出好戏来，分头交给省、市和各地川剧团认真打磨，推陈出新。经过大家审定后，作为第一批保留传统剧目，由各剧团在不断演出中不断锤炼，在舞台上真正站得住脚，百看不厌。要选好这一批好戏，不能有主观随意性，要在川剧编、导、演员及川剧研究人员、戏曲理论家中找出一批"慧眼"来，他们能够区别出精华和糟粕，特别是能够从污泥中淘出金子来，从糟粕的污染中挑出精华来。我记得20世纪50年代中整理发掘出好传统剧目时，有些老艺术家、编剧和导演以及一些领导同志和川剧爱好者，硬是从糟粕埋没中发掘出好戏来，有的甚至是不堪入目的卑俗剧目，竟然妙手回春，化腐朽为神奇，打磨出闪光的好戏来。这的确需要一批慧目独具的有心人。现在我们一般认为好的剧目，无一不是那时大家努力发掘、精心打磨的结果。这一回我们要总结那时的经验，搞得更好一些。即使是已经选出，并且在舞台上站住了脚，经常演出的剧目，也还要选出若干来，进一步精益求精，的确做到拿得出来，叫得响，一鸣惊人。这两年有个现象引起我的注意：为什么在我们舞台上不经常演出的剧目，被兄弟剧种的有心人看中了，来学了回去，加以改进，便在全国舞台上叫响了，拍电影，上电视，声色俱茂，为什么在我们舞台上还不过是平平，没有轰动？这是一个值得研究的问题，我理解我们的一些剧目中，大概潜在的艺术精华不少，只是没有很多发现且打磨得也不好，或者精华糟粕并存，大胆出新的功夫不够，认真琢磨的功夫不够，别人却另具慧眼，取我们的精华，结合他们剧种的特长，就突然熠熠发光，传播在四川的电视屏幕上，也不能不叫我们惊羡，同时也使我们深思。

选自《我也说振兴川剧》

143

我们现在正跨入新的时代。这是一个前所未见的伟大的时代。伟大的时代必将涌现出伟大的英雄人物来，需要无愧于伟大时代的伟大作品去反映，因而必将应运而生地涌现出伟大的作家来。这些伟大作家从何而来？就是产生在现在的青年作者中间。

毫无疑问，就是现在这些青年作者来接文学事业的班，是我们的希望和未来。现在三十岁左右的青年作者一代是否健康成长，他们的思想作风如何，他们的艺术倾向如何，决定着十年二十年后中国文坛的盛衰。我以为老一代和中年一代作家应该注意这个问题，关怀青年一代的健康成长，有义不容辞的责任。

近几年来，我静观默察，觉得我们的文学创作的确是形势大好。形势大好的最大特点就是青年一代作家如雨后春笋般涌现出来。他们有才华，不保守，很敏锐，喜思考，勤写作，许多青年作者初露头角，便觉峥嵘不凡。他们的确是生气蓬勃、大有希望的一代，他们肯定会青出于蓝而胜于蓝，接好文学事业的班。但是他们茁壮成长，还有待我们做大量的细致工作。

选自《需要更多的关怀》

一个作家就是呕心沥血，费多年之功，写出一部真正的文学作品，未必就能出版，就是出版也未必能印几万册，而且不久便烟消云散，无声无息，谁知你是张三李四。然而一部好电影，一部好电视剧，却可以为十三亿人的中国家喻户晓，起潜移默化之功。一位明星，突然亮出，便"粉丝"遍于中国大地，掀起"追星"狂潮。有些个新闻媒体，可以毫不吝惜地拿出重要版面和黄金时段报道明星们的艳闻逸事，把重要新闻挤到一角去。这就是现实，这就是当代文学和作家的遭遇。在作家看来，的确是可悲的，然而这是历史的真实，而且是必然的真实，是大势所趋，不以作家的悲喜为转移。

选自《再说〈让子弹飞〉》

　　《让子弹飞》大获成功后，引起海内外各方面的关注，各种理解、猜测、比附、玄想，五花八门，啼笑皆非，据说甚至还引起最高层的特别关注，海外的政治解读。到底怎么一回事，姜文一言不发。好！一言不发，叫大家去作多义性的解读，这就是好作品的品格。一个作品，正如恩格斯说的，主题思想隐藏得越深越好。不同的时代，不同的社会，不同的读者，能够对一个作品有不同的解读，那就证明这个作品是有生命力的，是可以引发长时间研读的传世之作。所以有"一百个人读《哈姆雷特》，就会有一百个哈姆雷特"的说法。我国的《红楼梦》也是如此，一千个人读《红楼梦》，就会有一千个林黛玉。《让子弹飞》虽然远没有达到传世之作的水平，但能引起那么多的不同的议论和褒贬，也就证明这是一部成功的作品。

选自《为什么有那么多的议论?》

我们的文坛的确是处在"百鸟年鸣逞丽舌，千花竞放斗奇妍"的时代，有多少"破土新篁"和"迎风乳燕"呀，文艺的春天已经到来，"翩翩彩蝶花前舞，恰恰黄莺叶底歌"是极平常的事了。我们老一代的作家是懂得"春树嫩芽推老叶，清溪后浪逐前波"这个新陈代谢的道理的，新的一代必定比我们要强，我们寄希望于青年一代，我们愿意做辛勤园丁，做护花人，并且"愿请东君长做主，千红万紫满春园"，让文艺的春天长留天地之间。让我们老中青三代团结起来，因为到底是"拓荒播种依前彦，姹紫嫣红望后贤"呀。我等待着看到，或者说我已经看到，千帆竞发，乘风破浪的景象了。

1982 年春

选自《寄〈青年作家〉》

我希望从文学院出来的文学新人，不管怎么青出于蓝而胜于蓝，已经取得多么辉煌的成就，都请听一听一个文学老人在远方的唠叨吧。

首先，我始终认为，文学为最广大的人民服务，为当前的社会主义建设服务，是我们作为人民的文学家所必须坚持的。用思想高尚而又有艺术魅力的文学作品去满足各个层次的人群的文化需要，就是我们的任务。固然要争取起到我们主观上所期望的教育作用，但同时更要注意群众在客观上想获得的艺术享受和娱乐作用，即所谓"寓教于美""寓教于乐"。用不同风格、不同形式和内容的、高档的和低档的、严肃的和通俗的文学作品去满足各个层次的读者的需要，这就是我们的群众观点，而且只有这样，才可能解决所谓文学滑坡、创作不景气的问题。也只有这样才能扼制那些黄色的庸俗的毒品的流行。

其次，要坚持"二为"方向，坚持"双百"方针。"二为"与"双百"本来是相辅相成的，不要各执一词，人为地把二者对立起来。我们要解决当前的所谓文学危机，更需要文学领导和作家解放思想，实事求是，在题材、体裁、形式、风格和创作方法上更加多样化，让文学园地更加多姿多彩。百花烂漫，万紫千红才是春，将主旋律和多样化对立起来，未必是明智的。一花独放只能败坏要求有多种艺术享受的群众的胃口，从而也败坏了主旋律。没有和弦哪来的主旋律？当然，我们在赞成多样化的同时，并不妨碍提倡创作更多更好的反映伟大时代和伟大人民的英雄业绩，鞭挞那些阻碍历史前进的旧思想旧事物的作品。

再次，我仍然认为生活是创作的唯一源泉。既然我们的文学所反映的是我国历史现实和人民的生活，作家就应该利用各种机会和采取各种方式，深入到惊心动魄的人民斗争生活中去，自己也真"下海"去参加那些斗争，去观察、体验、研究和精心创作。我不太相信所谓的天才，三五成群，坐在沙龙里神侃，就能侃出流芳千古的伟大作品来。好像历史上没有出现过这样的事，今后会不会出现，且拭目以待。

第四，我们要求每一件作品必须首先是一件艺术品，能够产生艺术上的美学效应，然后才求其次。在艺术上精益求精，就要求作家全身心地投入，目不斜视，心无旁骛，甘于在寂寞中耕耘，期待鲜花的收获。"千淘万漉虽辛苦，吹尽狂沙始到金。"在当前商品经济的大潮中，我不相信金钱的追逐是写好作品的动力，不相信文学作品是可以用明码实价标出来加以衡量的。作品的衡量只能是人民持久的欣赏和历史的无情淘洗。我不相信缪斯的神殿是用金子堆砌起来的，它的辉煌只能靠永远闪光的艺术，满身铜臭的人不配去叩开神殿的大门，缪斯也不会为他开门。金钱的重荷往往带来艺术的堕落和作家的沉沦。这样的事，今日文坛屡见不鲜。相反，"穷而后工"，"文王厄而演周易"，这样的事，在我国的历史上倒是司空见惯。我并不反对文人"下海"，但"下海"是为了上岸，更加发展文学事业，为创作更好的作品做准备。

最后，我不止一次地说过，由于"文革"中出现过文化断层，我们的文学新人有相当一部分感到文化底子薄，文化素质不高。和文学先辈比起来，他们缺乏对于古今中外文化积累的认识和占有。然而文化素质的提高，是生产高品位的厚重作品的必要条件。有些作家自觉地补了课，有的还须努力。

选自《万里云天一片情》

作为一个中国作家，要有鲁迅那样的骨气，要有民族的自尊心，绝不跟着某些怀有二心的洋人或假洋鬼子洋腔洋调起哄，更不要有奴性和媚态。我们吃着中国人民供奉的大米白面以至牛奶面包，绝不能对于中国人民生活漠不关心，对中国社会改革毫无热情，对于振兴中华不负历史责任感，不想用自己的作品去为人民服务，以好的精神食粮回报人民，帮助人民推动历史前进，却醉心于自己的小天地，构筑自己的象牙塔，陷入文学纯是个人的体验，即兴的情绪宣泄，既不为人民服务，也无价值可言的迷宫里去，而且自鸣得意。

选自《与韩小蕙书》

我们已经进入社会主义市场经济的时代，生产力大发展了，而人的思想还有许多停留在计划经济时代以至封建思想时代，所以中央从十一届三中全会起直到现在，特别强调要解放思想，要与时俱进，要大胆地改革大胆地创新，有了错误，改了就好，因循守旧的保守思想永远是没有出路的。

所以我以为作家们在创作实践和文学工作中，认真检验一下，在创作思想上还有什么思想解放不够的，应该做创新的努力；在文学工作中，还有什么妨碍文学生产力发展的地方，应该做改革的努力。

选自《2009 年新年献词》

现在我们要繁荣文学创作，固然要强调为人民服务，为社会主义服务，同时恐怕更要真正做到百花齐放，百家争鸣。文艺作品没有艺术魅力，群众不愿意看，再多也起不了作用。服务也就会成为一句空话。因此我们应该进一步解放思想，把文学的几种功能位置摆端正，寓教于乐，寓教于美。有些作品能够满足广大群众的娱乐和审美作用，受到群众欢迎的，也应允许发展。群众喜闻乐见，这本身就产生了社会效益，当然，我们的文学应该更多地注意服务于经济建设这个中心，应该深入到沸腾的经济建设生活中去，讴歌伟大的时代和伟大的英雄。这些作品更应该在艺术上精益求精，体现时代精神。一味地赶行市，写中心，或者在钱袋的诱惑下，粗制滥造一些骗人的低级庸俗的东西，是我们所反对的。那种好像是在追求艺术魅力，实际上是自命清高，远离生活，躲在象牙之塔里寻求自我满足的小圈子艺术，也不是我们所提倡的。我想只要对我们的文学家给以充分的信任，为他们提供一个宽松自在的创作环境。并且准许他们犯错误，与人为善地帮助他们改正错误，不要见风就是雨，大惊小怪，无限上纲，重复过去那一套"左"的做法。这样便可以充分调动文学家的积极性，文学的繁荣就可以指望和经济的繁荣同步了。

选自《1993 年新年寄语》

我始终认为文学是有用的，是有所为而为的，是要于世道人心有益的，这就是社会效益。虽然我们不敢自吹已经是合格的灵魂工程师，或者干脆不自命为灵魂工程师，也不要存心去教育什么人，但我们至少不要去污染别人的灵魂，总要给人以精神上的鼓舞和慰藉，给人以艺术的享受和愉悦。而且以我个人的观点说来，我以为作品是要反映时代精神，歌颂人民英雄，是不能逃避崇高的。在作品中虽然有十分复杂的性格，但是总有真善美与假恶丑的区别的。似乎古今中外的名著概莫能外。当然，这也许是我个人作为一个作家的追求，有的人不喜欢这样，也没有什么，由他去吧。不过，对于某些时髦论点，不要像吃烧红苕那样，又吹又拍又捧，把它说成是天经地义的艺术规律，以至把它捧成文学主流，和"以高尚的精神塑造人，以优秀的作品鼓舞人"对着干。

选自《1996 年新春寄语》

我以为，建设有中国特色的社会主义文化，实质上就是如何正确地把马克思主义的原理同中华民族文化的实际相结合的问题。我说的是结合，而不是企图以马克思主义文化，或者更直接地说：以苏联文化来取代或改造中国民族文化，甚至消灭中国民族文化。如何正确地相结合？我以为就是以马克思主义的立场、观点和方法去认识、研究和发展中华民族文化。也就是正确地解决民族文化的继承和发展、扬弃和创新，解决继往开来、推陈出新的问题。无往即无来，不继往则不能开来，无陈即无所谓新，不推陈则不能出新。继往和推陈都不是一概肯定或一概否定，而是取其精华，弃其糟粕，取其能适应中国人民生存和发展的需要，能促进社会生产力的发展之精华，弃其与时代生活不合拍，有碍民族精神的发扬，阻滞社会生产发展之糟粕。

所谓建设有中国特色的社会主义文化，就是建立具有：一、中国特色；二、社会主义的；三、新的文化。此三者缺一不可。这就是说，第一，既然是有中国特色的，那就是立足于弘扬中华民族优秀文化，创建适宜于促进人民团结向上，奋发图强的文化，包括良好的民族精神、道德、风尚、人际关系在内。第二，既然是社会主义的，那就应该以马克思主义作为建设文化的指导思想。所谓指导，不是照搬马克思主义的教条，更不是照搬苏联模式，以取代中国民族文化，而只是以马克思主义的思想方法即辩证唯物主义和历史唯物主义的观点来认识、继承和发展中国民族文化。就是马克思主义也不是凝固的僵死的教条，而是随时代而发展，不断在人民实践中更新自己的理论和观念。第三，所谓新的文化，除开中国人民自己创造的新文化成果外，同时要面向世界，面向未来，广泛地吸收世界上过去的和现在的文化成就，大胆借鉴人类社会创造的一切文明成果，取其先进，弃其腐朽，为我所用。

选自《从中华民族文化研究说到儒学研究》

我之所以在这里不厌其烦地说这些闲话，是想请大家再度听一个老人的劝告：珍惜生命，珍惜时间。我真切地感到光阴似箭，日月如梭，"才看池塘春草绿，庭前梧叶已秋声"。时不我待，时不再来，要写出反映伟大时代的伟大作品，没有孺子牛的精神，热爱国家和人民，并锲而不舍地做几十年的努力，是不成的。而这就期待我们在座和没有在座的青少年作家一代。你们再不要浪费青春，浪费创作的大好时光了。多读点书，多看点生活，多写点作品，那些文外功夫，那些名缰利锁，都是生命和光阴的蠹虫。老实说，我们是作家，既然走进了神圣的文学殿堂，如果不给这个殿堂增加一片光彩，还有什么面目叫作家？

选自《在四川作协 2003 年迎春茶话会上的讲话》

"作家就是作家嘛，他靠作品而存在，不能靠资格活下去，作家是职业，不是官职。"这句话很深刻。作家就是要靠写作才能成家，如果坐在家里不写作，那就变成"坐家"了。如果不写作，那就是"家而不作"，不成其为作家了。一个作家如果不把写作当作自己的职业，也就没有资格戴上"作家"这个桂冠。

选自《2004 年迎春致辞》

我们作家和艺术家构建和谐文化不仅是义不容辞的，而且也是大有可为的。我们应该用先进的思想和特有的艺术才华，为和谐文化宝库贡献出反映伟大时代的伟大作品来，这是时代赋予我们的使命，也是我们充分表现才华不可错过的机遇。当然，伟大的作品和伟大的作家只能产生在和谐社会和和谐文化的氛围中，因此我们也需要一个更加和谐和宽松的创作环境，同时也需要在物质上提供适当的条件。我相信我们的作家和艺术家是有才华的，也是都有爱国心的，我也相信我们会得到很好的创作环境和物质条件，在一个新的和谐文化中，要产生出伟大的作家和作品，大有希望。

选自《2007 年新春寄语》

　　总之，我国当前的杂文质量应该提高，这一点大概没有异议。但是要怎么提高，却是仁者见仁，智者见智。愚意以为，杂文作家大可以不必刻意追求震撼世界的社会效果和传之万世的艺术魅力，而应该满腔热情地面对现实，为新事物充当马前卒，鸣锣开道，做旧事物和历史垃圾的清道夫，一往直前，义无反顾，同时也在艺术上刻意求工，杂文的质量是一定可以提高的。

选自《杂文应该提高质量》

　　我读过一些文学作品和文艺理论文章，出现了一种我们读起来

154

十分吃力的或者干脆看不懂的文体，新出现了那么多使我少见多怪的语言和词汇，且不说还有我孤陋寡闻的许多离奇古怪的观点和常识。面对这些新词新语和文章结构，真叫我有赶不上趟的感觉，害怕自己真的已经陷入抱残守缺、故步自封的绝境。直到读到语言学家吕叔湘、朱德熙等教授的文章，以及向他们当面请教，才使我敢于断定，一种新的八股文的确已经出现。《人民日报》也有批评这种新八股的短论。

选自《且说"新八股"》

我以为，历史的真实是历史的生命，历史的真实和艺术的真实恰当结合而以历史的真实为主线，是革命历史剧成功的要义。

选自《此存此照》

中国是一个有古老文化的国家，有自己极其深厚的民族文化传统，现在虽然经济落后了，但其文化思想却是极其丰厚的。我们当然不要故步自封，抱残守缺，怀抱国粹主义思想，而要吸收人类一切先进文化，以发展壮大自己的新文化。我们历来主张中西方文化应该在交流、矛盾、渗透、融合中取长补短，共同发展。我们绝不可被人融入，被人一体化，做没有出息的民族文化殖民主义化的应声虫。

选自《钢筋混凝土树林可以休矣》

　　再说到党员作家的责任感问题。我以为，党员作家，首先应该照党章和"八荣八耻"精神反躬自问，是不是一个合格的共产党员。是一个合格的党员，才能有资格说自己是一个合格的党员作家。在这里，我想问一下，你是一个党员作家，你关注"三农"问题吗？你是一个关心农村题材创作的作家吗？中国的农民实在是太伟大了，也实在是太善良了，更实在是太辛苦了。中国的解放战争，是中国农民在中国共产党的领导下，舍生忘死，英勇战斗，才取得胜利的，才把我们送进城市里来的。现在我们搞经济建设，还是中国农民成为建设的顶梁柱。他们就是那些工作最苦，收入最低，生活最艰辛，而且最受歧视，然而功劳最大的农民工。铺天盖地的大楼工厂、铁路公路……哪里不是凝聚着农民工的汗血？没有辛勤劳动的农民工，有中国今日的繁荣面貌吗？还有我们收入的大量外汇，不大半是农民制造的商品转换而成的吗？没有这些商品，没有这些外汇，我国能在这世界上立足吗？而且更重要的是，大批的农民工进入城市，在工作中不仅学到技术，同时也提高自己的素质，改造自己的思想，进入工人阶级后备军的队伍，从而大大增强了共产党的社会基础。这是有极大历史意义的事。

那么，现在我要问，我们的作家们，特别是党员作家们，你们了解农民吗？你们尊重农民吗？最重要的，你们写农民吗？同志们，作家们，关心农民吧，描写农民吧，为农民提供他们喜欢的精神食粮吧。

现在是我们思考和行动的时候了。

选自《中国共产党诞生八十五周年有感》

我受颇具四川特色的茶馆文化影响。四川茶馆和茶馆文化蕴涵了各色各样的人物形象，民俗民风特异，故事、传说千奇百怪，语言丰富多彩、幽默谐趣。这些无疑都是小说创作取之不尽的素材，赋予我的"夜谭"系列小说浓郁的地方文学特色。

选自《写出反映时代生活、时代精神的作品》

我的创作受润于传统文化和地方文化，同时立志汲取中国传统文学的优长。不少中国传统小说都带幽默、讽刺或者含泪的微笑，有非常有趣的人物和描写。张飞、李逵、猪八戒的形象就非常有感染力和艺术性。唐宋传奇和古典小说等还多有曲折复杂、引人入胜的故事。白描淡写的手法在中国传统小说中也表现得非常高明。《水浒传》刻画人物不像外国小说那样有大段的心理描写或景物描写，林冲复杂的性格及其性格的发展，是通过故事逐步展示的。草料场一节写风暴，仅仅几笔就把外界景物以及林冲的思想、心理勾画清楚了，比上千字的描写高明。中国传统文学中这些好的东西，简洁、传神、幽默的东西，我们是不能丢掉的。这是民族文学传统的精华。

……

在我看来，这些古典作品之所以代代相传，为广大读者追捧喜爱，乃是因为它们反映老百姓的心声、贴近老百姓的需求，走的是雅俗共赏、老少咸宜的艺术道路，决不故作高雅或转弯抹角。中国风格和中国气派重要的一点，就是为中国老百姓喜闻乐见。在我自己的创作中，追求中国风格和中国气派，就是汲取传统所长，让老百姓喜闻乐见，重视群众是否能够看、愿意看、喜欢看。

选自《写出反映时代生活、时代精神的作品》

我们的作家是明确地要为人民服务的，我们的作品是不能不反映政治，不能不顾及社会效果的。我们要求社会主义的作品要深刻地反映历史真实、时代精神和社会面貌。要做到这一点，必须深刻地认识并且十分艺术地表现历史、时代和社会，这就要求我们的作家必须具有正确的立场、观点和思想方法：这就需要马克思主义。一件作品不仅提高思想水平要求助于马克思主义，要提高艺术水平，也非求助于马克思主义不可。

选自《青年作家需要学习马克思主义》

文学诗歌要为人民服务，也是大家天天说的，但有的作家，包括共产党员作家，其实并不准备实行的。文学，为文学而文学，为自己而文学，把人民倒没有置于脑后而是去贬低，去展览丑陋，似乎还很有兴趣，而且一起起哄歌颂"好呀，这才是新时代的文学、影视"。有些人早忘了人民，甚至忘了自己是中国的人民，只顾玩文学。我想说的是，玩文学的人是玩弄人民，玩弄社会，玩弄自己，人民对于玩弄人民的人是要抛弃的。不是人民抛弃文学，是文学脱离了人民。

有些诗人（也包括作家）连老祖宗的话"文章合为时而著，歌诗合为事而作"（白居易）也忘记了，还以自己那种把诗歌当作玩赏的诗得意，以为很高贵和特殊，甚至连杀了人也可以原谅，并百般为之开脱。我不觉要问问这些诗人，你们怎么啦？

选自《在马安信长诗〈公仆〉首发式上的发言》

我这才明白，要搞文学创作，深厚的生活积累，固然是第一要紧的，要反复酝酿，烂熟于胸，呼之即出，并且有了强烈的创作冲动了才动手写作，也是十分必要的。但是即使具备了这一切，而自己的艺术表现能力很差，写作技巧不行，就会有像茶壶装汤圆，倒不出来的苦恼。所以要想写作，必须下苦功夫磨炼自己的艺术表现能力，这对我说来，甚至是更为迫切的事。

选自《我怎样写起小说来的?》

现在的青年作家就应该深入到现实的生活中去，到"四化"的建设洪流中去，到工农兵火热的斗争生活中去，无条件地去革命，去建设，不要老想到自己要成为一个伟大的作家，要创作鸿篇巨著。只有等你积累起丰富的生活素材来，那些人和事已经烂熟于胸，而且革命的激情激发起你的强烈的创作冲动，有如胎儿躁动于母腹中一般，这样你才可以从事创作。

选自《我怎样写起小说来的?》

作为一个共产党员作家，既然在红旗下宣誓时就把实现共产主义作为自己毕生理想，就更应该自觉地、真正地树立起马克思主义的世界观，努力把自己造就成为一个合格的共产党员。这就必须更加严格要求自己，增强党性，克服"自大"和"特殊"，首先要想到自己是一个党员，然后才是一个作家。老老实实地在自己生活和创作实践中，在改造客观世界中改造自己的主观世界，真正成为一个有理想、讲道德、守纪律的文艺战士。具有高度的历史责任感，自觉地用共产主义思想指导自己的创作，时时和中央保持一致，敢于和一切不良倾向进行适当的斗争，这对党员作家来讲是理所当然、天经地义的。

选自《宣传共产主义思想是作家的神圣职责》

那个时候我已经是一个所谓职业革命家了，在国民党统治区做地下党工作。为了掩护，我不断更换我的职业。我当过教员和学生，也当过小公务人员和行商走贩，还作过流浪汉。在这中间，我和三教九流的人都有交往。在城市的旅店茶楼里，在乡村的鸡毛店或小饭铺里，在乘车坐船的长途旅行中，在风风雨雨的好似没有尽头的泥泞山道上，当然也在工人的低矮茅屋里，在农家小舍的桐油灯下，我认识了许多普通的人，他们给我摆了许多我闻所未闻、千奇百怪的龙门阵。特别叫我不能忘记的是我还在小衙门和机关里结识过一些科员之类的小人物。这些小人物，像他们自己说的，既无福上酒楼大吃大喝，又无钱去赌场呼幺喝六，又不愿去烟馆吞云吐雾，更不屑去青楼寻花问柳。他们难以打发这煎熬人的岁月，只好三五结伙，或风雨之夕，或月明之夜，到人家里去坐冷板凳，喝冷茶，扯乱谭，摆龙门阵，自寻其乐。我有幸被他们引为一流，在他们结成的冷板凳会上，听到了我难以想象的奇闻异事。我才深知那个社会是多么乖谬绝伦，荒唐可笑；人民的生活是多么困苦无状而又丰富多彩；那些普通人的灵魂是多么高尚和纯洁，他们的思想多么机敏，他们的性格多么乐观，他们的语言多么生动而富于幽默感。我简直像站在一个才打开的琳琅满目的宝石矿前一样，这是多么丰富的文学创作素材呀。真是使我惊奇，令我狂喜。

选自《〈夜谭十记〉后记》

我以为"主题是怎么确定的"这种提法是不很科学的。这牵涉到一个创作上的重要问题。到底是作者先确定了主题，然后去搜集素材，进行创作，用以表现主题呢？还是作者深入生活，积累大量素材，在认识生活和评价生活的基础上，进行创作，使主题从人物活动的场面和情节中自然地流露出来呢？当然是后者，而不是前者。前者实际上是"主题先行论"，用这样的方法是不可能创作出好的作品来，是不必多说的吧！当然创作的过程是一个十分复杂的过程，作者主要的当然应该是在生活的基础上进行形象思维。同时也不可避免要由感性认识上升到理性认识，要进行逻辑思维，然后再进行形象思维。这也是从个别到一般，再到个别的过程。

选自《关于一篇语文教材的通信》

我相信讽刺文学必将因党中央解放思想、实事求是的正确路线而进一步繁荣起来，并日臻完美。讽刺文学作家也终将解除余悸，放手写作，把讽刺文学推到一个前所未有的繁荣境地。为什么？因为我们面临着一个伟大的时代，改革之风势不可当地吹向每一个角落，改革与反改革，因循守旧和锐意革新，传统观念和新颖思想，陈旧的生活方式，落后、愚昧、腐朽的东西和社会主义精神文明的积极的、向上的进取精神之间会展开更加激烈和复杂的斗争。一些啼笑皆非的事情，将要出现，一些荒唐可笑的人物将要出台，这给讽刺文学提供了用武之地。讽刺文学必将和其他文学一样，为发展社会生产力，推动历史前进，发挥自己的作用。也将为文苑中一直不很繁荣的讽刺文学，增添新的活力，为百花中这一枝花开得更加鲜艳，开创一个新局面。

选自《讽刺是永远需要的!》

说到讽刺，我喜欢追求比较淡的讽刺，也就是以一种幽默的方式来进行讽刺，但绝不谩骂，说你看这个人多混蛋。鲁迅说"讽刺的要义是真实"，我就是把喜剧因素的社会真实冷静地写出来，让人们看了可笑，引起鉴戒。我喜欢冷讽，不大喜欢热嘲，我不赞成明显的辛辣的热骂。我的小说中的被讽刺者，虽然多么不合时宜，不合潮流，扭着历史车轮在反其道而行之，十分可笑，然而他硬是在那里认真地干，认真地生活，按照他的人生哲学、他的世界观在干，不管是多么可笑。要做到冷静的幽默讽刺较难，热骂热嘲容易。不能把讽刺变成低级挖苦，流于油腔滑调。我要求自己"讽刺而不谩骂，幽默而不庸俗"（原来我提的是幽默而不滑稽）。

讽刺要把社会上不应该存在的东西展示给人看，引起人们思索。喜剧不一定逗人笑，有的还引人哭。我写的东西不希望大家看后哈哈大笑，希望大家抿嘴微笑，在微笑中感到有点意思就行了。

我写的东西，有人说富于趣味性和有传奇色彩，这也许是长处，但是也可能成为累赘。我力求故事的引人入胜，其目的是在抓住读者读下去。文辞上我要求明白如话，布局上要求有扣子，尽力做到"合乎情理之中，出乎意料之外"。要"藏而不露"，像说书人"丢包袱"那样，不能一下丢完，要一步一步地把包袱解开来。故事要求委婉有致，节奏不要求跳得太厉害，教人读起来摸不清楚线索，很费力气。我很喜欢欧·亨利的《麦琪的礼物》、莫泊桑的《项链》，情节发展到最后突然出人意料地揭开，这样的结尾可以使文章分外增辉。

选自《且说我追求的风格》

要问我的第一篇作品是什么，我应该毫不犹疑地回答：《老三姐》。可是要问我怎样走上文学创作道路的，我却毫不犹疑地回答：革命。我没有走上革命之路，我也就不可能走上文学之路。要做一个革命的作家吗？首先去做一个革命家吧，投身到革命现实的洪流中去，到人民为改善自己的命运而奋斗的现实生活中去吧。别人怎样，我不知道，我的实践告诉我的就是这样。因此我毫不犹疑地说，我的第一个作品是：革命。

选自《我的第一个作品：革命》

要使文学创作繁荣，给人民提供更多更好的精神食粮，必须搞好创办工作队伍的组织建设和思想建设，没有组成一支老中青相结合的坚强的创作队伍，要开创文学事业的新局面是不可能的。

……

我们深深感到，要充分调动文学界的一切力量，充分发挥老作家和中年作家的作用，正确地大力扶持文学战线的新生力量，使第三梯队尽快地成长起来，还有许多工作要做。

选自《我们的希望——文学第三梯队》

初学写作的青年想把自己锻炼成为一个作家，这不仅无可厚非，而且值得鼓励，我也相信将从这些初学者中涌现出有才华的作家来。

但是，我想说，当你在孜孜不倦学习写作的时候，不要忘记你想要做一个怎样的作家，你想做一个怎样的人。练习作文，首先要练习做人。要想写出好的作品，首先要把自己锤炼成为一个真正的人，鲁迅先生曾经说过的"从喷泉里出来的都是水，从血管流出来的都是血"这句名言，就是指这个说的。

所以我总是劝初学写作的青年，不要老想着当作家，而要深入到群众的"四化"建设中去，不仅身入，而且心入，认真和人民休戚相关，命运与共，建立深厚的感情，只有置身于生活大海的底层，才能发掘出生活的奇珍异宝、可歌可泣的人物、美丽纯洁的心灵，只有那些诗情画意的场景，才能激发你的创作热情，也让你在火热的生活中不期而然地积累了大量素材：有朝一日你真的就写出了好的作品来，真的当成了一个作家。任何时候不要忘记：人民是作家的母亲，生活是创作的源泉。

我还想说，文学作品是现实生活在作家头脑中反映的产物，然而这种反映是能动的，而不是机械的。作家的脑子不是一面平板的镜子，他所反映的生活都是经过他能动地改造过了的，包含着他的思想和愿望。为了正确地反映生活，他必须正确地认识生活，恰当地评价生活，并且艺术地描写生活，看清生活的本质和现象，主流和支流，不致为绚丽多彩、复杂多变的生活现象所迷惑。他还必须学会运用辩证唯物主义和历史唯物主义的观点，去清楚地认识生活和评价生活，提高自己作品的思想水平。

我还想说，从事文学创作，要有一定的语言水平和艺术表达能力。很难想象一个别字连篇、句法不通、不擅修辞的人，能写出一简好文章来。这种写作基本功必须下苦功夫才能学到手。除开要学习基本词汇和语法修辞知识外，还要系统地学习文艺理论，掌握文学创作的基本原理，更重要的是多读中外名著，撷取精华，多练习写作，熟则生巧。没有这样的基本功，即使你有多么深厚的生活底子，多么良好的写作热情，也是无济于事的。

最后，我还想说，最好不要以天才自居，不要想一鸣惊人，开头最好就自己日常生活提供的素材，写点通讯、报道、特写、散文和短篇小说，逐步提高自己的写作能力，再从事鸿篇巨制。其实要写出好的散文特写、报告文学，特别是短篇小说，非尽毕生之力不为功。一篇作品写成之后，最好多看几遍，虚心听取别人的意见，摒除"文章是自己的好"这种心理。只有那些敢于否定自己的人，才最终肯定自己。我见许多青年习作者急于发表自己的文章，想一举成名，初成简便四处投递，结果稿被退了回来，便怨天尤人，埋怨编辑目不识珠。满腔热情降到了零度，以致一蹶不振。搞文学创作看来是大苦事，只有吃过苦头才能领略其中滋味。

我说的这些，其实卑之无甚高论，不过是老生常谈，然而有些老生常谈还是常常谈一谈的好，只要有现实意义，便会常谈常新。

选自《学习写作寄语》

我以为，在中学里，给学生命题作文，叫他们如何按照范文的模式，先立主题，再选素材，然后谋篇布局，遣词用字等等，虽然是无可厚非的，这样可以训练学生写出清通的文章来。但是这样的做法，也可以把学生引入到一种固定的做文章法里去，使学生的思想受到束缚，文笔受到限制，甚至有陷入"八股"程式的危险，不可能写出有思想、真感情、富于文采的文章来。

……

我也在中学教过语文，我曾把"写你最熟悉的，写你最感动的，写你真相信的"作为学生作文的信条。要求学生莫说空话，多说实话；莫发空论，多写形象。我出的作文题一般都比较宽，使他们的思路更开阔一些，文笔更放纵一些。这样做的结果，他们多数人的作文比较有光彩，有情致，有思想，而且多数人以作文为乐事，不以为苦事了。

选自《我说学生作文》

我还以为文学作为一个国家的精神文明的组成部分。作为一个灵魂工程师自命的作家（有的人说不当这个灵魂工程师了，到底他要当什么呢？没有说），是要有一种历史责任感的，写的作品总应该于世道人心有益，总应该"以高尚的精神塑造人，以优秀的作品鼓舞人"吧。一个作家，无论古今中外，是不能脱离现实生活的，是不能对于现实无动于衷的。

选自《谈国统区的抗战文学》

我还留心到不墨守陈规而仍具有民族和地方色彩这种倾向。一件工艺美术品,如果只追求新奇,甚至去抄袭外国或无出息地模仿而失去了民族风格和地方色彩,肯定在国内外都不会受到欢迎。越是具有民族特点,越是具有世界性,搞艺术的人大概不会忘记这一点。我还注意有的作品在努力探索和追求,不再是只状其形,而是力求其神;不再是只求惟妙惟肖,而是在追求似与不似之间了。有的也许显得怪诞、荒谬,却很自然。那种夸张和变形,那种新颖的手法,给艺术注入了浪漫主义的精神细胞,使之更有生气、更神化。可以救我们过去许多作品的自然主义的平凡、庸俗之弊。虽然说这些新的创作距"随心所欲,不逾矩"还差得远,然而这是在艺术上追求飞升和突破的征兆,值得鼓励。

选自《真大观也》

这里我想着重说一点,你们在编辑工作上应该采取一种开放的做法,心里头不要总是有些圈圈套套。戴着枷锁跳舞是跳不好的。你们编辑部的思想应该放得更宽一些、更开一些,只要艺术上确确实实有新的开拓,在内容上无害,不是放毒的,我看不管它是写哪方面的题材,表现哪方面的内容,都是可以的。这方面我也曾经想过,可能这样做要出一点儿漏子,可能要出一点儿问题。……我也不妨这么说,对待这样的失误,我们应该采取一种正确的态度,不要害怕他们在编辑工作中有什么疏漏,在开放的过程中出现某些失误是难以避免的。我们的经济工作尚且如此，象文艺这样一种非常细致的工作，大家可以持不同看法的一种东西，出现某一些人看不惯或某一些人认为不妥的现象，这个不奇怪。我认为不妨采取争鸣的方法、讨论的方法来解决。

选自《我说〈青年作家〉》

有些庸俗读物之所以一时流行，就是因为它采用了通俗文学这样一种文学形式，采用了为我们中国老百姓长期喜欢的文学形式。我们与其去提倡外国哪一种格式，连我们自己读起来都很吃力的格式，还不如提倡广大人民能接受的，大约是初中文化程度的读者能接受的通俗文学的形式。这样会不会降低文学水平呢？未见得，"阳春白雪"可以和"下里巴人"共存嘛。这样是不是会把一些文学青年赶走？有这个可能，但也有那么一些文学青年——从通俗文学读物的发行量看来，甚至不是一些文学青年，而是一大群文学青年——还是喜欢这些东西的。有的年轻人的文学水平要低一点，你可以用这些东西去吸引他们，引导他们往雅文学的道路上走。抵制那些庸俗的读物，就要有意识地把那些庸俗的东西从书刊里排挤出去，把雅文学塞进去，就要有意识地把那些庸俗读物的读者争取过来，让他们来读我们的东西。这一类通俗的作品，甚至在某一时期还可以多发一些。当然，我不是说通俗文学都按过去那种章回小说的格式来写，我主张按新小说的格式来写。但要有通俗小说那样一种引人入胜的手法，来吸引青年读者。

选自《我说〈青年作家〉》

关于雅文学向通俗化发展的作品，我们雅文学作家也应从主观方面找找自己的问题，作家要自省、反思一下，我们近年来文学的一些走向，是否符合有中国特色的文学。有些雅文学出来时捧得太高，但读者不买账。还有人提出要淡化政治，当然，简单提为政治服务是不好的，但要说雅文学和当前的政治毫不相干，这个想法就不很好了。

任何文艺总是要反映时代和人民生活，这就是政治，离开这个政治是不可能的。离开了政治，离开了生活，是不好的，我同李洁非谈过两次，他在谈到这个问题时，很悲观，他在说到我们的文学怎么样时。提到："我们有整天躲在大漠深处制造一些赌徒、怪客、马贼的作家，有沉溺于偎红倚翠、争风吃醋的大户人家的隐私秘事的才子，有仿古风格的美文爱好者，用死的语言描述当代生活的文体异癖者，还有闲适的笔记体作家，油腔滑调的市民趣味贩卖者，对往昔岁月紫怀感伤怀旧的文人……然而，我们就缺少对现实投注热情，表示关注的优秀作品。"他还说："这是一种不可原谅的沉默，它明显地暴露出一个时期以来，文学界麻木不仁，老气横秋的可悲面貌。对于这样的文学，人民大众回报以冷漠，难道不是恰如其分吗？在这样的问题上，文学并没有理由回避它自己应该负的一部分责任。"

他对于"我们的文学对于现实却无动于衷，文学不屑于和当代现实发生联系，不屑于参与社会变革，现在的文学缺乏血和肉，缺乏有力地把人提升起来的东西"的看法，也许有片面性。然而在我看来却一针见血，谈到我们文坛的痛处。

那种不关心人民生活，退入到象牙塔或追求庸俗中去的作品，群众有理由抵制。这种东西被一些人吹捧的做法，对我们的文学创作和发展是没有好处。

我们就是要在雅文学滑坡不怎么受欢迎的时候，拿出通俗而又比较雅的具有中国作风和中国气派的老百姓喜闻乐见的文学，为老百姓服务。这也是雅文学，但，是比较大众化的文学。我们完全有条件能创作这个东西。我们要去补这个空当，不要让过去读雅文学的人去读一些庸俗的、揭人隐私的作品。这种作品对我们来讲不是好事。

我是写雅文学的，但我也要写通俗文学而且已写了几本。不管怎么样，只要群众喜欢就行。雅俗结合是我们文学应走的路子。

选自《在四川省通俗文艺研究会第一届
第二次常务理事扩大会上的讲话》

东方文化和西方文化有很大的差异，东方文学和西方文学，虽然在文学的本质上是相同的，在美学观点上也是相通的，但是仍然有许多不同的特点。过去东西方文学进行比较研究时，由于中国现代文学受到西方文学的影响很大，而中国的现代作家，他们的文学作品和理论，由于西方的学者熟悉汉文的人很少，而我们介绍得又很不够，几乎不为他们所知道，我曾经在欧洲一个国家问一个作家，他知道中国什么呢？他说："孔子和熊猫。"我对他表示感谢，他到底还知道中国有个孔子。至于中国古代的文学作品和理论，由于精通古汉语的更少，更不为他们所了解了，即使有翻译的介绍，或能达意，却很难传神。

我们读那种翻译成外文的唐诗宋词，意象浅薄，神韵尽失，有的味如嚼蜡。这就造成他们进行比较研究的困难。更由于西方有些学者，或由于无知，或囿于旧习，甚至出于偏见：困守"欧洲中心论"的论点。

而我们自己也习惯以西方文论作为标准，对中国文学进行比较评论，于是各种"主义"满天飞。好像中国自己从来没有自己的文学观点和美学系统似的。我至今不明白我们的文学评论家和美学家们为什么不能用我们自己从远古以下各种文论的观点和术语，评论自己的历代文学，如像王国维的《人间词话》那样

我以为，我们进行比较文学研究，西方的学者应该有罗曼·罗兰的观点："我和远东朋友们的格言是：平等。"而我们自己进行比较文学研究，应该提倡以东方文学为基础的比较文学研究。

选自《提倡以东方文学为基础的比较文学研究》

我得知为张露萍等七烈士平反的消息，并又进一步获得他们的

许多英烈事迹，有说不出的兴奋，真叫百感交集，在他们身上我又看到过去一块战斗、已经牺牲了的同志们和好友们的面影，而且他们又不只一次地回到我的梦中来。他们在微笑，在蹙眉，在催促，在责备："你作为地下党的老战友，作为一个作家，为什么不把我们的形象显现出来，让我们也为社会主义四个现代化建设，提供一点精神鼓舞力量？"我醒过来，在黑暗中，似乎还看到他们站在我的床前，还听到他们责备我的声者。我的心发慌，手发烫，一种革命的责任感，在催促我，要我拿起笔来，继续我过去描写地下党斗争的创作。

选自《〈巴蜀女杰〉后记》

这是一个伟大的时代，这个伟大时代理应而必然产生伟大的作家和伟大的作品。人民有理由这样期望着。作为一个当代的作家，如果不是一个睿智的思想家，如果不是和人民同呼吸，共命运，如果不是锲而不舍地提高自己的思想水平和艺术水平，伟大作品是不能从天而降，或呼之即出的。这是摆在中青年作家特别是青年作家面前的神圣的任务和迫切需要解决的课题。

要青年作家们解决这个课题，担负起这个任务，卑之无甚高论，我还是那几句听起来也许厌烦的"套话"。要做一个好的作家，要做一个合格的灵魂工程师，要想创作出真正好的作品，只有深入生活，目前特别要深入到人民的改革的浪潮中去，和人民一起去做改革者，在斗争中努力提高自己的思想水平，提高自己观察、认识和评价生活的能力，并且下苦功夫磨炼自己的笔，提高自己的艺术表现能力。对于青年作家来说，还要补上自己缺各种知识的这一课，要多学习，多读书，要有丰富的文学和语言知识、历史知识和社会知识，特别要学习唯物辩证法，那是我们观察和分析事物的显微镜和望远镜。文学创作事业是一个老实的事业、艰苦的事业，这是没有什么可以偷巧的。也只有在崎岖的陡路上敢于攀登的人，才有希望达到光辉的顶点。

选自《大有进步，还要努力》

鲁迅的杂文的确是既有深刻的思想，又有艺术的魅力。思想要深，文字要精，的确是杂文的要点，然而也是杂文的难点。要透过对现世相的描绘，看出社会的底蕴，这就有赖于真挚的政治热情和厚实的文化素养。杂文的深度总是由作家的思想深度所决定的。至于杂文的艺术魅力，则依靠作家的文字功夫。要使杂文具有个人的特点，个人的气韵和风格，这当然是我们一辈子孜孜以求的事。所以当前某些杂文显得浮浅，穿透力不强，只及于时弊的表层揭示，或者仅止于转弯抹角的高级牢骚，也就不足为怪了。

我毋宁说，当前的杂文，只要能表现时代精神，为新事物鸣锣开道，针砭腐朽落后的旧事物，也就不坏；只要能及时产生社会效果，推动改革和建设前进，便是好的杂文，即使生命力不长，也算不得什么。

选自《杂文杂言》

我们今天的少年学生，应该鼓励他们在读教科书之外，多读一些有益的杂志，多种知识性书刊，各种小说和文学杂志，各种野史杂言。这对于他们学好语文固然有好处，就是对于他们进一步求学问、学理工也有益处。一个开放型知识胸怀，一个开拓型的脑袋，对于培养成才不是很重要吗？

我还想说和学好语文有关的活动。我小时候生活在闭塞的乡村里，文娱生活很少。过年时候能看到龙灯、耍狮和彩船等游艺，端午能在长江边看到龙舟竞渡，有时在场镇上看到耍把戏的。还有进城去在舞台上看到出将入相，才子佳人的互相怩悦的情景，储藏在自己脑子里的历史人物一下复活了，更是高兴得不得了。至于盛夏酷暑的夜晚，或丰收后的迎神赛会的庙堂，或者在乡场的茶馆里，听那些讲"圣谕"和"善书"的穷说书人，讲那些情节复杂、人物生动的因果报应故事，更是使自己思想展开幻想的翅膀，随意飞翔。这对于提高阅读语文的兴趣和增进自己写作能力都是不可少的。有时得机会到附近风景名胜区或名山大川去旅游，更可以观察民情民风，增长知识，活跃思想，更是意气风发，神采飞扬，自不必说的了。

因此我忽然又想附带说一个结论。要学生学好语文，让他们有机会去参加各种参观旅游活动，夏令营之类的活动，以及各种文化娱乐活动，可以使他们认识祖国优美的文化，绮丽的风光，以及民风民俗，从而增强他们的爱国主义思想，提高他们的思辨能力，这对于学好语文，写好文章，会大有帮助。至少我是从自己的学生生活感受到了的。

你要问我少年时代是怎么学好语文的吗？我可以简单地回答：仔细阅读和背诵一些范文，多读一些课外的读物，还有多去和社会接触，游览名山大川，参加各种文化活动。这样，我相信你可以学好语文，写好语文，并且增长知识和才干，踏到你的人生起跑线上去。

选自《我是这样学习语文的》

我说文学是有用的。不管有人说文学就是文学，文学是无用的，说文学有用就是玷辱圣堂，我仍然认为文学是有用的，文学创作是人类有所为而为的一种社会活动：是为了满足人类的精神需要而进行的有目的的活动，不是无用的。因此文学要为人民服务，目前还要为建设社会主义服务，乃是天经地义。从这个根本点延伸出去，文学就应该以反映时代精神和人民生活作为主旨，就应该以反映时代英雄作为主调（这英雄自然是文学意义上的）。那么深入到人民生活中去，当然就是顺理成章的事了。因为人民生活是多样化的，是绚丽多彩的，那么，要求反映人民生活的文学是多样化的，应该坚持百花齐放，应该提倡不同的风格和流派，自然也是应有之义。因此之故，我们对文学应该有一种能够兼收并容的宽阔胸怀，不拒绝接收新的表现形式，也不拒绝从旧的形式中去推陈出新，特别是弘扬自己民族的优秀文化，提倡为中国老百姓所喜闻乐见的中国作风和中国气派。

选自《走自己的路》

我以为在文学创作方法上这个主义那个主义，都无所谓绝对的新或旧、好与坏，也没有多少争论的价值。每个作家都有权而且必要用他认为最能表现他的思想感情的方法和形式进行创作。还是多样化一点为好，哪怕是墙角一株小花，一棵野草，也可以为文学百花园增添光彩，不应受到贬斥和嘲弄。

平心而论，有些人言现实主义创作方法之弊，其实不是现实主义本身所具有的特性和表征，而是在特定的历史条件下，外加于它的要求。在我国历史的过程中，作家们用现实主义这个有力的武器参加革命斗争，在那种情况下，不得不赋予它较多的政治主题和政治色彩，要发挥宣传和号角的作用，这就是恩格斯说的"历史的内容"。这是任何一个时代的文学家都难以逃避的历史的责任感。但是如果要求太多太切，只强调其宣传教育的作用，而忽视其审美的功能和娱乐的作用，以至于损害了文学本质特征的审美特性，必然出现违反文学创行规律的概念化、公式化，图解政策和标语口号式的作品，这既害了文学，也达不到宣传教育的作用。这样做过头的事是有过的，这就妨碍了文学的正常发展，给文学带来一些桎梏。然而这是现实主义之过吗？这些是外加于现实主义的东西，并非现实主义的本质特征，实在是现实主义之累。如果说做过头对文学有害的话，现实主义也是受害者。

我以为现实主义如果能减轻它不应背负的负担，充分发挥自己反映现实的长处和审美特性，是能够产生反映伟大时代的伟大现实主义作品的。而且现实主义也是一个历史发展过程，也在不断地发展和变化，还远没有发展到它的高峰。在和各种新的创作方法并行发展中，还可以吸取营养以丰富自己，使自己更富于表现当代现实生活。在过去世界文学创作的历史长河中，现实主义曾经产生过无数的伟大作家和伟大作品，我们有理由相信，更加伟大的现实主义作品，必然要出现在新中国。

我这样说，绝不是故步自封，不赞成引入世界上各种新的文学流派进行试验，不赞成从世界上一切优秀文化中吸取营养，不赞成各文学创作方法百花齐放，各呈异彩。我们不赞成现实主义独霸文坛的愚蠢做法，正如不赞成用现代主义取代现实主义的做法一样；我们不赞成过分强调文学的宣传教育作用而损害文学的审美特性和娱乐作用，从而也取消了宣传教育作用，正如不赞成过分强调文学的本体性而导致文学上所谓"淡化"和"远离"倾向一样。任何文学作品不可能脱离政治和远离生活，不管作家意识到或没有意识到。任何时候不要忘记只有"百花齐放"和"百家争鸣"的方针，才能促进文学的繁荣发展，其中包括现实主义的文学在内。

选自《也说现实主义》

郭沫若的历史剧创作，也给中国文学做出了前无古人的贡献。他先后写了七个历史剧，都是气势雄伟、格调高尚、意境深远、诗情浓郁，不同凡响，开现代历史剧创作之先河。特别引人注意的是他的历史剧，并不是逃避现实斗争、无所为无所指而作。相反的，他总是结合现实斗争的需要，以古喻今，让观众从舞台上再现历史故事来认识现实而进行创作的，对于当时的政治斗争起了很好的配合和支持作用。所以每剧一出，总是轰动一时，《屈原》便是这样。但是他的历史剧并不是一般的影射文学，他是以历史唯物主义的实事求是的观点，评说古人，以励来今的。他使用的是现实主义和浪漫主义相结合的创作方法。他那种严肃的写实和浪漫的诗情，使人既对现实做深沉的思考，又沉湎于诗情的艺术享受。他继承了中国古典戏剧和西洋古典戏剧以诗体创作的传统，创作了诗的戏剧，也是戏剧的诗。他的历史剧的语言，都是富于诗意的。《屈原》便是这样。由于郭沫若喜以屈原自况，台上的屈原就是台下的郭沫若，所以他写《屈原》时倾注以全部的心血，因而感人至深。其中的《雷电颂》，他把全部感情放进去，有如受到岩石压抑即将喷涌而出的火山岩浆，要把那黑暗的世界一扫而光。那种磅礴的气概、无坚不摧的声势和光明必将到来的信心，在当时真是起到了振聋发聩的作用，所以《雷电颂》在当时的重庆竞相传诵，脍炙人口。

选自《纪念郭沫若，学习郭沫若》

我之所以要班门弄斧地追寻中国现代新文化发展的轨迹，正是我以为，要弄清这样的历史脉络，才可能来正确地研究中国的传统文化，才可能来正确地研究孔子和儒学。中国的传统文化，内容十分博大，从两千余年的发展历史看，儒家文化曾经占有一个十分显著的地位，长期成为统治阶级的思想和统治思想，对于中国社会的发展、民族和人民的意识形态，产生了深远的影响。不可否认曾经经过统治阶级做的为我所用的改造，形成阻碍历史前进的思想体系，掩盖了儒学的本来面目，歪曲了孔子某些产生过良好影响的教义。因此要研究中国的传统文化，不可不研究孔子和儒学思想的发生、发展、变易的过程，不可不研究其精华和糟粕并存的实际情况，而采取正确的态度。过去既有一概继承的国粹主义，也有一概否定的民族虚无主义，正如对西方文化采取一概排斥或全盘西化的两种截然不同的态度一样，都是不可取的。

　　儒学思想在中国有其极为深厚的根基和深入民心的思想影响，不是用苏联那套"左"的僵化文化思想所能否定的。事实上某些儒家精神仍然是中华民族精神的重要组成部分，它还有许多对于建设社会主义新文化和精神文明有益的成分，对于提高人民的道德修养和品质有益处的成分。过去曾经反对过"道德继承论"，实际上从孔学在日本和新加坡所产生的良好影响看，道德是可以继承的。孔学既然对他们能产生良好影响，为什么我们就不可以把孔学和社会主义精神文明建设结合起来呢？当然，这要加以实事求是地推陈出新，有的要扬弃，有的要加以改造。

选自《从中华民族文化研究说到儒学研究》

我非常理解《红岩》作者，他们当初并不是作家，然而为了告慰烈士的英灵，为了不能忘却的纪念，为了让更多人从那些为理想信念无惧生死的革命烈士身上汲取精神力量，他们义不容辞地拿起了笔，将英烈们用鲜血铸就的红岩精神展现了出来。

我以为，作为一个作家，拿起自己的笔，让更多的人知道，在民族危亡之际，有一群英勇奋斗、不怕牺牲的共产党人，背负着民族的苦难和人民的希望，赴汤蹈火、万死不辞，积数十载前赴后继艰苦卓绝的斗争，才换来今天的新中国——这不仅在《红岩》诞生之时至关重要，在今天以及以后，都同样重要。

选自《讲述革命故事　弘扬红岩精神》

我不管别人怎么说，仍然坚持，文学是有用的。文学是人类有所为而为的一种社会活动。人类的任何活动都是一种有目的和有意识的活动，是一种历史现象一种历史过程，都不是任意而无序的，都是想从这些活动中得到物质或精神的满足。满足便是人们使用了一种有用的事物所产生的一种满意的情绪。人们使用文学这个工具，也是为了满足人们的精神需要，自然是有用的了。

选自《文学有用》

关于技巧不足的问题，是我们的文艺修养不够，我们文艺的表达能力还不够，除了多看，多学习，取人之长之外，唯一的办法，就是多写。只有实践，才能出真知。没有什么可以偷巧的地方。我从来不相信有什么不经过艰苦的努力的天才的作家，当然，艺术表达能力也的确是有一些规律性的东西。文艺上创作的某些基本规律，当然也应该适用于科学文艺的创作。而且除文艺的一般创作规律之外，科学文艺应该还有它某些特殊性的规律，因此我们还需要研究。现在有一种倾向，我们的某些科学幻想小说，总是在神奇古怪、惊险情节等方面做文章，并且作为高标准来追求，以为只要把它写得非常神奇古怪、非常惊险，就是最好的。是不是这样？我有怀疑：也许这是科学文艺本身规律的某一种表现，然而是不是它的突出特点或基本规律呢？这一点我还不知道。总之，我觉得科学文艺不会是简单科普介绍的文章，不是科学道理简单的说明书，而必须有它特殊的东西，到底是什么呢？这需要大家来研究了，我只是提出这个问题来，需要我们共同努力，用实践来加以研究和检验。

选自《在〈科学文艺〉编辑部召开的作者座谈会上的讲话》

那么，何谓社会主义文艺呢？能对我们的政治和经济起积极的作用，能促使我们国家生产力的发展，促进人民的幸福，那就是真正的社会主义文艺；妨碍了经济基础，妨碍社会的安定团结和历史的发展，给人们思想上带来混乱，带来不安定因素，这就是非社会主义的文艺，应当通过批评和帮助把它纳入社会主义的正确轨道，我们的文艺必然会走向繁荣。我们生活在社会主义制度下的中国，却想自外于社会主义，那就必然要磕磕碰碰，那是没办法的，正像不能提着自己的耳朵离开地球一样。作为生活在社会主义中国立志为人民写作的人，要自觉坚持"文艺为人民服务，为社会主义服务"的"二为"方向。

可能有的人认为，这一套"死板僵化"的东西我不愿写，我沉默。

沉默就沉默吧，他的沉默也不是有害的，或有人说，稿子少了，不是萧索吗？没关系，"沉舟侧畔千帆过"，新的人、顺应时代需要的人一定会涌现出来。一个有良心的中国人，难道不应该为中国蓬勃发展的社会主义而写作，而歌颂吗？如果他不这样做，他就不够一个作家的资格，更不能戴一个灵魂工程师的头衔。

选自《在四川省作家协会举办的文学讲习班上的讲话》

我在西南联大的时候自然也有作业，就是自己搞创作，我就在那样的环境里开始了创作。当时我写了两本诗，还写了一个28万字的长篇。那时张光年也在昆明，我知道他是从延安来的，我们两个就认识了，合起来搞了一个刊物《新地》，一个文学刊物，我就写短篇、杂文，发表在那上面。可是由于我做党的工作，规定很严格，到新的岗位之后，所有我的图片、文字都要销毁掉，不能带走，因为怕出现问题。所以那时写的东西在我离开昆明的时候全部都销毁了，像《夜谭十记》里的一些篇章就是当时写的，后来销毁了。那个长篇写的是抗战第一年的事，因为我那时在前线采访过，所以写了28万字的长篇，王士菁还帮我修改过，后来也烧掉了。我还写了一首长诗，叫《路》，写抗战时期一个华侨归来参加抗战，在这个过程中与滇缅公路边上一个彝族公主恋爱的故事，这诗有1500行，可惜也被毁掉了。前几年有出版社要我恢复这首诗，我就凭着记忆又把它重写出来，还是叫《路》。所以当时我虽然作了许多文章，可惜都被烧了，没有成气候。

选自《马识途口述：我的革命文学之路》

我们的青年一代要向老的和中年的创作同志学习，从他们身上获得某些创作经验。没有昨天，就没有今天，更没有明天。有些青年作者认为老年和青年两代人中间存在着一条"代沟"，而且是"鸿沟"，我认为这个看法是不够准确的。我们之间也许有某些思想方面的差别，然而不存在不可逾越的鸿沟，因为我们的方向是一致的，我们的前途也是共同的。思想上有不同的认识，在某些问题上、对某些作品的看法上，对一些文艺倾向的认识上，存在着某种歧异，这是完全可能的，事实上也是存在的……因此，我们可以交换意见，共同探讨。

选自《在四川省职工业余文艺创作座谈会上的讲话》

我认识的许多老作家，有一个共同的规律性的东西，就是他们普遍有一个深入生活的过程，有丰富的生活经验，长期在生活的激流中游泳、潜入生活底层去观察认识生活。沙汀说过，他创作的时候，一闭眼睛，那些他家乡的袍哥大爷、乡长、地主之类的人物，马上就出现在眼前，非常活跃，那是因为他过去在家乡生活时，在茶馆里经常跟这些人物打交道，非常熟悉。他说："那种人坐在那里不讲话。我就知道他在想什么，他说了头一句，我知道他后面要说什么。"这一点是至关重要的，不熟悉生活是写不出好作品的。沙汀笔下的人物非常生动，非常有趣，这不是偶然的。巴金同样如此，他在封建家庭里遭受压迫，远走高飞，寻求人生道路，才写出《家》这样的作品来。同样的，艾芜在旧社会经历过非常坎坷的生活道路。什么都干过，还当过流浪汉，莫名一文流浪到云南昆明等地，缅甸、马来西亚等国家，这为他后来写出出色的作品，积累了厚重的素材。还有写《创业史》的作者柳青，长期蹲在西安近郊蛤蟆滩，几十年如一日地生活在农民中间，他的作品，在我国当代文学史上留下了深远的影响。另外我们四川获得第一届茅盾文学奖的周克芹，他 1958 年从农校毕业后回到农村，就一直生活在那里，他熟悉农村生活，因而才能写出《许茂和他的女儿们》这样优秀的作品。这样的例子还有很多，我就不一一列举了。

选自《在四川省职工业余文艺创作座谈会上的讲话》

在这次文联会议的讨论中，许多同志强调文艺要用共产主义思想来教育人民。我以为这一点非常重要。这是我们社会主义文艺家的光荣任务，特别是共产党作家、艺术家的光荣的、义不容辞的任务。陈云同志明确指出，你如果是个共产党作家的话，你首先是共产党员，然后才是作家。你作为一个共产党员，首先应该按共产党员的条件，按共产党的思想和共产党的纪律要求自己。如果我们党员能够真正地以一个马克思主义者来要求自己，用共产主义世界观来要求自己，坚持我们党的纲领，坚持用共产主义思想教育人民、团结人民，那些邪门歪道就不可能泛滥起来。

选自《在四川省文学艺术界联合会第二届委员会
第二次扩大会议闭幕式上的讲话》

中国的现代文学从一出现就是和中华民族的解放斗争联结在一起的。因此它总是较多地表现人民的斗争生活。作家总是和人民血肉相连，和人民同生死，共命运。我国现代的文学总是以为人民服务作为明确的目的，而现在还为社会主义服务。这是一切有良心的中国作家自觉地这么做的，因为他们从自己切身体会中知道，离开了人民的解放斗争，就没有作家的存在，更说不上创作，即使创作了，也不为广大人民所欢迎。我国的作品总是以能反映人民斗争而又反过来推动人民的斗争为荣。我们总是把作品当作精神粮食和思想武器来看待的，这是中国的历史发展所决定的，不以作家的主观意志为转移。我们并不想要求别国的作家和我们有同样的看法，但是我们希望别国的作家能够历史唯物主义地看待我们。

由于这种文学的性质是为人民服务和为社会主义服务的，为了使作品产生效果，为广大人民所接受和爱好，使人民从中吸取精神的力量，就注定了我国的文学不管有多少不同的流派，但是其主流总是倾向于现实主义的创作方法，也就是从人民的实际斗争生活中吸取素材，集中概括，真实地塑造出各种典型人物来，本质的真实便成为作品的灵魂。当然这种典型人物并不是简单地摹写，而是力求在典型环境中塑造出典型性格。

选自《在南斯拉夫国际作家会议上的发言》

我作为文化战线的一个战士，郭老的后学，作为在中国科学院西南分院工作时郭老的下级，作为郭老的同乡人，我不仅欣然参加今天这个隆重的纪念会，还不揣冒昧，到这个讲坛上发表自己的意见，实在不是敢于在方家面前班门弄斧，而是作为对郭老的崇敬，抒发一点缅怀之情。我虽然敬仰郭老，也喜欢读郭老的作品和著述，但是到底没有进行过认真的研究。这次我才从国外回来，仓促准备，我所说的只能是泛泛之谈，而且很可能有些谬误，请同志们指正。

郭沫若同志是为共产主义事业奋斗终生的坚定不渝的革命家，也是我国现代文学史上杰出的作家、诗人和戏剧家，又是马克思主义的历史学家和古文字学家。他的光辉的一生，令人深切怀念，不灭的光辉形象、精湛的思想、奋发的精神、顽强的学习毅力、旺盛的创作激情，以及对党对人民的赤子之心，都是值得我们从事科学、文教工作的人学习的。

郭沫若是一个伟大的革命时代的儿子，伟大的时代所孕育的一文豪。也可以说是峨眉之秀，沫水若水之秀，以至巴山蜀水之秀，钟灵于郭老一身。他在文学艺术创作、历史考古、金文甲骨文研究，报刊宣传活动、翻译、书法等各个方面都达到出类拔萃的高度，成为我国新文化史上鲁迅之外的另一面旗帜。其学识之博大精深，海内外早有定论。四十年前，周恩来同志在郭老五十寿辰和创作二十五周年纪念之际所著的《我要说的话》中说："郭沫若创作生活二十五周年，也就是中国新文化运动的二十五年。鲁迅自称是'革命马前卒'，郭沫若就是革命队伍中的人。鲁迅是新文化运动的导师，郭沫若就是运动中的主将。鲁迅如果是将没有路的路开辟出来的先锋，郭沫若便是带着我们一道前进的向导。鲁迅先生已不存世了，他的遗范尚存，我们是会愈感觉到在新的文化战线上，郭先生带着我们一道奋斗的亲切，而且我们也永远祝他带着我们一道奋斗到底。"郭沫若同志不仅是一位卓越的中国文化的巨人，而且是终其一生在中国共产党领导下十分活跃，从不衰竭的一位社会活动家。我想，这样的评价不是阿谀之辞吧。

选自《在纪念郭沫若诞辰九十周年大会上的讲话》

我以为想要当作家这样的愿望当然是好的。但是我想，首先要问一问自己，你想当作家的动机是什么？你为什么想当作家？你首先要从思想上考虑一下这个问题，并且做出正确的回答。当然，你可以说，我是想以文学创作为社会主义服务，为人民服务嘛。我想每一个人都能够这样回答的。但是我问的是你的思想动机到底是什么，必须老老实实从心底回答这个问题。你只是在表面上这样回答，并没有真正解决你思想上的问题。不解决这个动机问题，也许你经过各种努力，终于没有当成作家，或者虽然偶然地当成了作家，但不会是一个很好的作家。可以相信，大多数想当作家的青年，动机是纯正的，想以创作为社会主义服务，为人民服务。但是，听说也有极少数的人动机是不够纯正的。有的人想当作家是想获得作家这样一个光荣的头衔；有的人想当作家是为了成名，认为自己是一个天才，只有在文学创作这个方面才能表现自己的天才；有的人想当作家，是在其他工作方面没有取得什么成就，而且太艰苦，想从这个方面来试一试，找寻出路，看这里是不是有什么捷径，一登龙门，身价十倍，或者至少以为当作家是一个轻松的、自由自在的职业吧。如此等等。到底是什么动机，这是自己要认真回答的。

选自《在四川省青年文学创作会议闭幕式上的讲话》

文学创作必须创新。没有一个作家不孜孜不倦地追求新意，追求新的表现形式的。每个作家都是一个披荆斩棘的探索者，而不是一个因循守旧、小有成就便心安理得的庸人。

创作固然有一般的规律，各个不同的社会和时代，文学有其不同的特色和创作规律，这是大家都要遵守的。但是作家不以循规蹈矩，故步自封为能事。一个作家之所以成为作家和称得上是作家，就是因为他是创造者：不是一个按样板来进行生产的艺术工匠（其实艺术工匠也总是在不断前进，不断创新的）。他们创作的作品不仅有自己的风格，而且他们自己的作品也可以有风格的不断发展，风格的不断迁移和多样化。这便是创作之所以为创作，作家之所以为作家的道理。每一个作家（我不是说初学写作者），都要努力追求自己的风格，要有自己的特色，要在文学创作上做出新的贡献，要在艺术百花园的千姿百态中占有新的一姿一态，这才叫百花齐放的百花园，只有万紫千红才是春嘛。作家的死路就是走别人已经走过的道路。别人走的路对你来说，也许是生路、新路，但你只求偷巧了，没有出息地模仿，对你来说就是死路、绝路。

初学写作，当然不免要学习模仿前人和别人成功的经验，吸取他们的长处。他们的某些特异的风格也可以欣赏和做一些模仿的，而且世界上的确有不同的一群作家形成一种风格和流派存在，古今中外都一样。在一个流派中的作家，也只是大体采取了近似的风格。然而作为一个作家，作为一个有出息的作家，作为一个有代表性的大作家，没有不显出自己特殊的风格来的。风格就是人呀。我认为初学写作是可以容许模仿的，但不能老是模仿而无创新，哪怕你学的百分之九十九的像人家，也仍然只是相似和近似而已。你还不是作家。只有你脱离了他，有了自己的风格，你才叫作真正的作家。

我是很赞成过去老师教学生写字的诀窍的，那就是，"由远而近，由近而远"。写字要模临大家，要循一定的规范进行练习。你自然而然地爱好某个大的书法家，学习某一大家的字帖，你从模写直到临摹，写得越像越好，由远而近，由不像到很像，以至于可以达到乱真的地步，然而你还不是书法家，你最多是一个临摹的圣手。只有慢慢地高过了他，由近而远，越来越显露出你自己的风格和才华来，越来越不像你的老师了，有你自己的独特风格了，这时你才能够叫作书法家。

选自《在四川省青年文学创作会议闭幕式上的讲话》

一个作家固然在政治上要求他具有热爱社会主义、热爱祖国、热爱人民，接受党的领导这样一些思想品格。同时我认为，一个作家应该是最有道德、最有修养的人。他的生活是简单朴素的，他的态度是平易近人的，对人民是忠诚的，对生活是热爱的，对他人是诚挚的。

他没有那些稀奇古怪的好像是文学家一定具有的怪脾气。他于作家们的关系是"文人相亲"而不是"文人相轻"，应力求团结。陈云同志谈的两点，是我们道德修养中非常重要的两点：一是不要自大，一是不要特殊。我们有的作家，是有些特殊的，而且有时表现出自高自大。

这会妨碍他的思想进步，妨害他的艺术水平的提高。我希望我们的青年同志们，在初学写作时，在开始准备当作家时，首先应该严格约束自己，使自己在道德修养方面提高到一个高水平。那种成名、成家，名利双收的观点，是创作的大敌。这一点，我们许多老作家是很注意的。希望我们的青年同志们，不要去追名逐利，更不要为追名逐利而去投机取巧，弄虚作假，作市侩式的专营。不要把社会上"关系学"引到文学创作中来，不要去搞什么"等价交换"。这和一个社会主义的"灵魂工程师"是风马牛不相及的。

选自《在四川省青年文学创作会议闭幕式上的讲话》

我想，一个报告文学，首先必须要和我们整个时代的脉搏同调的。写报告文学，假如对我们的事业没有一种高昂的激情，不把人民的甘苦、忧喜等变成自己的喜怒哀乐的话，我看是写不好的。因此，我觉得写报告文学，首先要求作者在思想上要跟党的政策、跟整个时代前进的脚步是一致的；要成为人民的代言人，真正说出人民的希望，人民的要求，不是这样就不行。假如说我那一篇文章叫作报告文学的话，我看就是因为这一点。我确实去看了水灾，了解了那些英雄的事迹。看到有这样好的人民，这样好的解放军，这样好的干部，这样好的工人、农民，我心里非常激动，简直难以平静下来，感觉自己是和他们一条心的。我对党的事业和党指引的方向，没有任何一点怀疑的，所以就写出那篇东西来了。它能够反映当时的实际情况，也能反映时代的脉搏，就是这一点。其他方面，在艺术上的处理、在文字的处理上，我那篇文章是不怎么行的。有中学教员还跟我讨论，我回答他们说，不要因为我那篇文章艺术性比较差，你就说它不真实。虽然我那篇文章艺术性是比较差，作为报告文学还有点要不得，但是报告文学的某些必须满足的条件，我那篇文章还是达到了的。所以我还是要承认它。

选自《在四川省报告文学创作座谈会上的讲话》

为了更好地为社会主义服务，为人民服务，我们的俗文学也面临一个提高的问题。通俗文学要尽量提高自己的艺术表现能力，尽量艺术化，使它能真正在艺术上站得住。这方面，俗文学要向雅文学靠一靠。我对《华子良传奇》两位作者讲过，你们在艺术上一定要精益求精，努力搞。现在这部书出来了，他们做了许多努力，做了很好的起步。他们没有套用许多熟套的东西，甚至还采用了一些电影的表现手法，接纳了某些新文学的表现手法，这都很好。我们决不固执，抱残守缺，墨守成规，应该考虑如何使现代人接受，但是在风格气派上，应该是民族化的。《华子良传奇》做了不少努力，今后还应做更多的努力。

我认为有几个写传奇文学的，包括得过奖的刘绍棠、冯骥才还有邓友梅，他的《那五》和《烟壶》，在艺术处理上很有特色，同时保持了中国传统文学引人入胜的东西，很不错。刘绍棠的乡土文学，非常有味道，绝不枯燥，很耐咀嚼。马烽也是这种写法，都是带中国民族形式的东西，注意往老百姓喜闻乐见方面发展。令人高兴的是，谌容也在做这方面的尝试，她的《减去十岁》，非常注意安排故事，吸引读者。她的文笔很不错，又往这方面开拓了，这很好。我认为，有可能要出现一种新的，是雅文学又吸收了俗文学优点的民族形式。现在不是各种流派、风格都在尝试、在探索吗，或许，这种形式是很有前途的，很值得作家们去探索……

选自《谈谈雅文学与俗文学》

在学术研究上提倡和使用马克思主义，容许非马克思主义的学说和观点存在，参加争鸣的行列，这就是"双百"方针，现在的问题是，某些容许存在的东西正被一些人大力提倡和推行，而马克思主义思想被蔑视和冷落，甚至认为马克思主义的基本观点已经过时了，甚至想用引入西方某些学说来改造马克思主义某些观点的事也并非没有。这里，我指的不是那些在坚持马克思主义的基本观点的前提下，根据新的社会实践和科学新成就来发展马克思主义的做法。马克思主义是一定要发展的，但马克思主义的基本观点是不应被摒弃的。现代文学研究中的某些争论恐怕就和这个问题有关。

然而我在这里唠叨不已的还不在反思我们过去三十几年中在运用马克思主义于学术研究中的某些失误，也不在分析现在竞相引入西方学说中的得失，我的主题是想提出一个问题，我们过去在用各种"主义"来研究现代文学，现在又用各种"论"来研究现代文学之外，我们中国是不是真的从古以来就没有自己研究文学的方法体系，没有自己的文论体系呢？我国有悠久的文化，有极其丰富的文学宝藏，我就不相信我国历来就没有人去寻宝，并且提出探宝的方法，形成自己的理论体系。难道我国过去浩如烟海的文学研究论著和研究方法，对于我们今天研究现代文学便毫无参照的价值吗？没有各种"主义"和各种"论"，我们便寸步难行吗？既然西方的学者能从他们老祖宗那里继承和发展为他们的研究理论体系，我国的传统文化应该束之高阁，甚至视同糟粕吗？没有弄懂这些遗产，我看还是不要"轻薄为文哂未休"吧。

因此我想冒昧地提出一个看法：我们是不是可以建立有中国特色的社会主义文学理论体系和文学研究方法体系呢？也就是说在马克思主义的光照下，用辩证唯物主义和历史唯物主义实事求是的方法，既继承、发扬我国传统的文学理论及研究方法，取其精华，弃其糟粕，做到古为今用，同时也引入、借鉴国外各种文学理论和最新研究方法，扬其长处，避其短处，做到洋为中用，从而融会贯通，逐步形成我国一套有自己特色的文学理论和研究方法。我们的前辈中有许多人从宏观和微观上都做过一些切实的工作，即使他们还有许多局限性，但那种埋头研究，有理有据的作风是令人敬佩的。比那种捧起这个"主义"那个"论"的招牌，急于成"家"，好发吓人的高论要切实得多了。这许多年来一时这个"热"，一时那个"热"，不久又冷落了的现象不值得思考吗？

选自《谈谈现代文学研究的方法问题》

第四部分　※

马识途文学创作年表

慕津锋　撰

1931 年，16 岁

7 月，遵照"本家子弟十六岁必须出峡"家训，前往北平报考高中。出夔门时，有感而作《出峡》：

　　　　辞亲负笈出夔关，三峡长风涌巨澜。

　　　　此去燕京磨利剑，国仇不报誓不还。

1935 年，20 岁

1 月，在上海，以笔名"马质夫"在叶圣陶主编的《中学生》杂志第 51 期"地方印象记"中，第一次发表文章《万县》。

1937 年，22 岁

6 月底，在南京，结束中央大学暑期军事训练。其间，为反抗国民党法西斯军训，创作《军训集中营记》（1983 年 11 月，该文收入人民文学出版社出版的《夜谭十记》）。

11 月，在汉口将其参加的"中央大学农村服务团"于南京晓庄所进行的抗日宣传写成《到农村去的初步工作》，向《战时青年》杂志投稿。

1938 年，23 岁

1 月 10 日，《到农村去的初步工作》在《战时青年》创刊号发表。

2 月 20 日，报告文学《武汉第一次空战》在武汉《新华日报》发表，署名马识途。

1939 年，24 岁

秋，偶游鄂边小南海小岛古庙，作诗《小南海僧舍题壁》。

冬，与刘蕙馨在恩施结婚。结婚当晚，创作诗歌《我们结婚了》。

当年，创作诗歌《清江谣》。

1940 年，25 岁

创作诗歌《清江壮歌》。

1941 年，26 岁

1 月底，在利川得知刘蕙馨、何功伟被捕消息，作诗《祭》。

当年，作诗《归故园》。

1942 年，27 岁

2 月，作诗《啊，古老的中国呀，我的母亲》《难道春天已经永离人间》《在这里》。

3月，作诗《路灯》《我希望》。

4月，作诗《邮筒前写照》《投递不到的信》《偶题》。

6月—8月，在云南路南县路南中学教书，创作长诗《路》、诗歌《要是》《暴雷》。

10月，作诗《人字》。

11月，悼念何功伟、刘蕙馨，作诗《遥祭拜》。

下半年，马识途（时名马千禾）、齐亮等在张光年、楚图南、尚诚的支持下，在西南联大校外创办《新地》文学杂志。马识途以笔名在该杂志发表小说、杂文。据其回忆，当时的作品内容以抗战和大后方的社会现实为主。

当年，开始创作《夜谭十记》第一篇短篇小说《视察委员来了》（后改名为《破城记》）。

1943年，28岁

1月，作诗《除夕》。

2月，作诗《我有所爱，在远方》。

3月，作诗《给走路的人》《春天的报信者》《我歌颂，那颗智慧的星》。

6月，作诗《悼小莺》《找到了自己》。

8月，作诗《乌鸦》。

10月，作诗《原形》《狱中寄伙伴们》。

11月，作诗《偶然看到》。

12月，作诗《顽固的期待》。

1944 年，29 岁

2 月，送恩师闻一多回家后，作诗《幽灵的悔恨》。

5 月，作诗《我们要笑》。

1945 年，30 岁

8 月 15 日，日本宣布无条件投降。在昆明参加庆祝活动，作诗《这是为什么?》。

9 月，为李晓举行入党仪式，作诗《最高的荣誉》。

10 月，作诗《将军立马太行山上》。

12 月，作诗《我向往北方》。

当年，马识途（时名马千禾）、张光琛、吴国珩等筹办《大路周刊》。此报非文艺性质，且不以社团名义问世。

1947 年，32 岁

3 月，作诗《永远不能忘记》，怀念滇南建民中学同学。

8 月，作诗《什么时候……》。

当年，作《七绝　凭栏（梦中诗)》。

1948 年，33 岁

8 月，与王放结婚，作诗《我们结婚了》。

冬，为办地下报纸的妻子王放写诗《同志，你醒醒》。

12 月，作诗《孤岛的沉没》《我的最后留言》《投递不到的信》。

当年，作《七绝　此头》。

1949 年，34 岁

3 月下旬，在钱瑛带领下与香港地下党员一起，经台湾海峡、黄海、渤海、烟台、济南北上北平，途中作诗《到解放区的第一天》。

4 月 20 日，在解放军横渡长江解放全中国前夕，在北平作诗《最后的打击》。

秋，作《七绝　重游南京秦淮河怀古》。

1959 年，44 岁

在庆祝建国十周年前夕，为《四川文学》创作新中国成立后的第一篇文章《老三姐》。

10 月 1 日，报告文学《会师》在《成都日报》发表，署名任远。

1960 年，45 岁

5 月 1 日黎明，作诗《喜逢佳节庆团圆》，庆贺找到失散 20 多年的大女儿吴翠兰。当天，与女儿吴翠兰作诗《致湖北省公安厅感谢电》。

7 月 1 日，短篇小说《老三姐》在《四川文学》第 7 期发表。

8 月，《鸡鸣集》诗五首（《遥寄——祭刘一清烈士》《狱中遥寄》《我向往北方》《甚么时候……》《投递不到的信》）在《星星》诗刊第 8 期发表。

10 月 8 日，《老三姐》（革命斗争回忆录）在《人民文学》第 10 期发表。

1960 年，马识途与女儿吴翠兰合影

1961 年，46 岁

3 月 12 日，短篇小说《找红军》在《人民文学》第 3 期发表。

5 月 21 日—12 月 14 日，长篇小说《清江壮歌》在《成都日报》连载，共 160 期。

5 月，《老三姐：革命斗争回忆录》由四川人民出版社出版。

7 月 1 日，长篇小说《清江壮歌》在《四川文学》第 7 期连载。

8 月 1 日，中篇小说《接关系》在《解放军文艺》第 8—9 期发表。

8 月 1 日，长篇小说《清江壮歌》在《四川文学》第 8 期连载。

9 月 6 日—10 月 7 日，中篇小说《接关系》在《北京晚报》连载。

9 月 1 日，长篇小说《清江壮歌》在《四川文学》第 9 期连载。

9 月 12 日，讽刺小说《最有办法的人》在《人民文学》第 9 期发表。

10 月 1 日，长篇小说《清江壮歌》在《四川文学》第 10 期连载。

11 月 1 日，长篇小说《清江壮歌》在《四川文学》第 11 期连载。

12 月 1 日，长篇小说《清江壮歌》在《四川文学》第 12 期连载。

1962 年，47 岁

2 月 12 日，短篇小说《两个第一》在《人民文学》第 2 期发表。

3 月，散文《革命的战士和勇敢的母亲》在《中国妇女》第 3 期发表。

6 月 1 日，《且说〈红岩〉》在《中国青年》第 11 期发表。

6 月 30 日，《致读者》在《中国青年报》发表。

8 月 12 日，短篇小说《小交通员》在《人民文学》第 8 期发表。

9 月 10 日，讽刺小说《挑女婿》在《四川文学》第 9 期发表。

1963 年，48 岁

5 月 12 日，小说《回来了》在《人民文学》第 5 期发表。

6 月，连环画《接关系》由黑龙江美术出版社出版。

8 月 27 日，散文《花溪揽胜——走马行之一》在《光明日报》发表。

8 月 31 日，散文《从大石桥到大竹——走马行之二》在《光明日报》发表。

9 月 3 日，《不靠天！——走马行之三》在《光明日报》发表。

9 月 7 日，《哲学的解放——走马行之四》在《光明日报》发表。

11 月 1 日，短篇小说《新来的工地主任》在《四川文学》11 月号发表。

1964 年，49 岁

当年，作《七绝 赠巴山深处某研究院同仁》《七律 祝我国第一颗原子弹爆炸》《七律 下放南充》。

创作剧本《叶下珍珠》，并开始搜集长篇小说《石家湾的春秋》素材。

1965 年，50 岁

1 月，作诗《寄远人》《阳关体 寄北京》《七律 五十自寿》。

9 月，作《清江壮歌·后记》。

12 月 15 日，在南充偶遇彭德怀，后作《七律 初遇彭大将军于南充》。

1966 年，51 岁

3 月，长篇小说《清江壮歌》由人民文学出版社出版。

当年，在苗溪农场偶遇胡风，先后创作《苗溪劳改农场偶遇胡风》《深山野岭遇胡风》《苗溪劳改农场偶遇胡风十韵》。

作《五绝 净水》《五律 净水溪行》《七律 认"罪"书》《七律 梦蝶》《七律 书愿》《七律 书愤》《七律 烈夫》《七律 囚楼寄弟妹及侄女》《七律 囚楼再寄弟妹及侄女》《七律 寒村，时流放峨眉》《七律 流放峨山古寺》《七律 山中》《七律 苦歌》《七律 囚中自嘲》《七律 登峨山中华严寺》《七律 登峨眉金顶观日出》《七绝 峨山远望成都》《七绝 述志》《七绝 流放中见囚鹰，感怀》《七绝 悼王放》《七律 古庙怀亡人》。

创作短篇小说《西昌行》《石家湾的春秋》（初稿）。

1967 年，52 岁

作《七律 囚中悼罗广斌》《七律 被殴后"游斗"》《顺口溜 颠倒歌》《顺口溜 幼子陪我下棋》《七律 赠何世珍》《顺口溜 于茅炕上致故人何世珍》《顺口溜 走资派，还在走》《顺口溜 如今何处找好人》。

1968 年，53 岁

7 月，怀念妻子王放，作诗《七绝 狱中祭亡人》。

当年，作《七律 再赠艾芜》《七律 狱中赠艾芜》《七律 狱中赠沙汀》《七律 狱中遇沙汀》《七律 狱中赠杨超书记》《七律 狱中逢邓华将军》《七律 凝眸》《七律 狱中偶见青天》《七

律　古庙囚中寄情》《七律　狱中对镜》《七律　荒唐》《七律　狱中怀战友》《狱中歌》《满江红　入狱》。

1969 年，54 岁

1 月，作《沁园春　送美梅下放金沙农村》。

春，作《七律　狱中春》。

1971 年，56 岁

2 月，作《七律　出狱盼金沙女儿归——兼示北京大女儿》。

3 月，作《七律　金沙女儿归，怀北京大女儿》。

作《七律　疑猜》。

1972 年，57 岁

作《七律　秋日眺远》《七律　晚风》《七律　出狱闲置》。

1973 年，58 岁

作《七绝　煮酒邀友》《顺口溜　高奇才，奇才》。

1974 年，59 岁

作诗《七律　寒流》《终无悔》《七律　随刘仰峤同志登峨眉山》《七律　重登华岩寺，步原作登华严寺诗韵》《七律　重登峨山金顶，步原登金顶诗韵》《七律　峨山茶园戏拟题壁》。

1975 年，60 岁

1 月，作《七律　六十自寿》。

1976 年，61 岁

1 月，作《忆秦娥　悼念周总理》。

春，作《七绝　"批邓"声中》《"批邓"时称病草堂疗养院》。

4 月，作《念奴妖　悼国公》。

1977 年，62 岁

1 月 8 日，散文《难忘的关怀》在《四川日报》发表，署名华驰。

10 月，评论《信念》在《人民文学》第 10 期发表。

11 月 10 日，《红岩挺立在人间——祝小说〈红岩〉再版》在《北京文艺》第 11 期发表。

1978 年，63 岁

1 月 5 日，《红岩——革命英雄的丰碑》在《红旗》第 1 期发表。

3 月 19 日，作《向二〇〇〇年进军！——发自科学大会的信》。

3 月 26 日，《向二〇〇〇年进军！——发自科学大会的信》在《人民日报》发表。

3 月，作诗《忆秦娥　赠科学大会诸公》。

5 月 1 日，诗歌《七律二首——赠攀登者》在《光明日报》发表。

5 月，作《〈找红军〉后记》《〈清江壮歌〉重印后记》。

6 月，小说《算盘的故事》在《四川文学》第 6 期发表。

8 月，短篇小说集《找红军》由四川人民出版社出版。

9月18日，报告文学《杨柳河边看天府》在《人民日报》发表。

10月，作《七律　乘机过阿尔卑斯山浮想》《英国皇家学会晚宴上口号顺口溜，译员译诵，举座粲然》《赴哥德堡途中》《七律　瞻仰周总理日内瓦旧居》《七律　秋晚游日内瓦湖》《七绝　中瑞科学交流协定签字会上口占》《瑞典皇家学会晚宴上口号，译员译诵，教授齐鼓掌》。

当年，再次动笔创作《夜谭十记》。

1979年，64岁

1月7日，散文《关怀》在《人民日报》发表。

1月14日，《改革不相适应的生产关系和上层建筑》在《光明日报》发表。

2月，长篇小说《清江壮歌》由人民文学出版社再版。

3月，小说《我的第一个老师》在《人民文学》第3期发表。

5月15日，《坚强的革命女战士钱瑛》在《中国妇女》第5期发表。

5月，《祝科学与文艺的结合——代发刊词》在《科学文艺》第1期发表。

《出路在哪里——我的生活道路》在《人民中国》第5期发表。

作《永远的怀念》。

7月，小说《夜谭十记之一——破城记》在《当代》创刊号发表。

11月，作《解放思想，繁荣科学文艺创作》。

12月，《伟大的战士和母亲》在《红岩》第2期发表。

1980 年，65 岁

1月5日，《关于〈凯旋〉》在《边疆文艺》第1期发表。

1月18日，致信孙洁，谈自己对孙洁《两姊妹》的看法。

1月27日，作《现实主义管见》。

1月，《我追求中国作风和中国气派》在四川省文联《文艺通讯》发表。

2月7日，作《〈科学文艺〉编辑部召开的作者座谈会上的讲话》。

2月25日，作《致〈海燕〉编辑部的信》。

3月，《说情节——复章林义同志的信》在《四川文学》第3期发表。

论文《解放思想，繁荣科学文艺创作》在《科学文艺》第1期发表。

4月9日，散文《我想你们，恩施的人们》在《恩施报》发表。

4月12日，论文《门外电影杂谈》在《电影作品》第1期发表。

5月1日，《〈情报学刊〉创刊祝辞》在《情报学刊》第1期发表。

5月，《马识途同志的两封信》在《海燕》第3期发表。

6月25日，《解放思想、加强团结、争取我省社会主义文艺的更大繁荣》在《四川日报》发表。

8月2日，致信周永年，谈"建立专业创作队伍和业余队伍"。

8月14日、18日、21日、23日、24日、28日、30日、31日，散文《西游散记》在《成都日报》连载。

8月，《景行集》由四川人民出版社出版。

作《我到熊猫家乡去来——卧龙游记》。

9月1日、4日、6日、7日、8日、11日、13日、14日，散文《西游散记》在《成都日报》连载。

9月，应天津人民广播电台邀请，创作《怎样读〈清江壮歌〉》。

小说《盗官记》在《红岩》第3期发表。

10月，《文艺十愿》在《四川画报》第5期发表。

12月2日，《难忘的为战斗岁月——纪念"一二一运动三十五周年"》在《中国青年报》发表。

12月5日，《贺龙在成都》在（四川）《支部生活》第12期连载。

当年，《学习创作的体会》在《文艺通讯》第7期发表。

1981年，66岁

1月1日，《多宣传革命传统教育片》在《银幕内外》第1期发表。

1月5日，《贺龙在成都》（续一）在（四川）《支部生活》第1期连载。

1月，开始创作中篇小说《丹心》。

2月5日，《贺龙在成都》（续二）在（四川）《支部生活》第2期连载。

2月，《西游散记》由四川人民出版社出版。

3月5日，《贺龙在成都》（续三）在（四川）《支部生活》第3期连载。

3月10日，《马识途写作小传》在《乌江》第2期发表。

4月5日，《巴黎揽胜》（之一）在《重庆日报》发表。

4月5日，《贺龙在成都》（续四）在（四川）《支部生活》第4期连载。

4月6日，《巴黎揽胜》（之二）在《重庆日报》发表。

4月10日，《巴黎揽胜》（之三）在《重庆日报》发表。

4月13日，作《读者·作者·编者》。

4月15日，《巴黎揽胜》（之四）在《重庆日报》发表。

4月20日，《巴黎揽胜》（之五）在《重庆日报》发表。

4月，《谈谈西南联大的学生运动》在《云南现代史研究资料》第4辑发表。

5月3日，《读者·作者·编者》在《重庆日报》发表。

5月5日，《贺龙在成都》（续五）在（四川）《支部生活》第5期连载。

5月15日，《开展文明礼貌活动》在《红领巾》第5期发表。

5月，《亚公——蜀中奇人》在《四川文学》第5期发表。

6月15日，《在〈红领巾〉创刊三十周年茶话会上的讲话》在《红领巾》第6期发表。

6月28日，《XNCR在成都》在《四川日报》发表。

7月1日，《好好宣传革命传统教育片》在《银幕内外》第7期发表。

7月11日，《万州寄情》在《万县日报》发表。

7月，中篇小说《三战华园》在《四川文学》第7期发表。

11月7日，《报告：我们打了一个大胜仗》在《人民日报》发表。

11月17日，《到生活中去捕捉美——读反映四川抗洪救灾文艺作品有感》在《四川日报》发表。

11月25日，《对文艺界资产阶级自由化倾向的一些看法》在中央党校《理论动态》第315期发表。

11月28日，《追根》在《长江日报》发表。

11 月，作《需要更多的关怀——一个倡议》。

12 月 1 日，《马识途倡议作家同青年作者交心谈心》在《成都日报》发表。

12 月 12 日，作《在四川省作家协会举办的文学讲习所上的讲话》。

12 月 18 日，作《在四川省职工业余作家文艺创作座谈会上的讲话》。

1982 年，67 岁

1 月 1 日，《需要更多的关怀——一个倡议》在《青年作家》第 1 期发表。

1 月 1 日，作《三战华园·后序》。

1 月 14 日，《四川省文联主席马识途倡议要多方面关怀青年作者的成长》在《光明日报》发表。

1 月 15 日，《克服资产阶级自由化倾向，促进社会主义文化繁荣》在《社会科学研究》第 1 期发表。

2 月，《三战华园》由四川人民出版社出版。

2 月 13 日，作《在中国作家协会四川分会第二届理事会第二次会议上的讲话》。

3 月 5 日，《祝四川青年自修大学开学》在《四川青年》第 3 期发表。

春，作《七律三首　草堂春游》《寄〈青年作家〉》。

4 月 1 日，《寄〈青年作家〉》在《青年作家》第 4 期发表。

5 月 1 日，《青年作家需要学习马克思主义》在《青年作家》

第 5 期发表。

5 月,中篇小说《丹心》在《红岩》杂志第 2 期发表。

《科学文艺创作一议》在《科学文艺》第 3 期发表。

6 月 25 日,《在四川省毛泽东文艺思想讨论会闭幕会上的讲话》在《南充师院学报(哲学社会科学版)》第 2 期发表。

6 月,讽刺小说《学习会纪实》在《四川文学》第 6 期发表。

7 月,应中科院邀请前往青岛疗养,完成《夜谭十记》。

8 月 4 日,作《在四川省文学艺术界联合会第二届委员会第二次扩大会议闭幕式上的讲话》。

8 月 21 日,《让我们行动起来》在《四川日报》发表。

8 月,《答观众问——关于电视剧〈三战华园〉》在《戏剧与电影》第 8 期发表。

9 月 1 日,《我是怎样写起小说来的》在《青年作家》第 9 期发表。

9 月 30 日,《宣传共产主义思想是作家的神圣职责》在《光明日报》发表。

10 月 1 日,作《〈夜谭十记〉后记》。

10 月 1 日,为《张寔父印存》作跋。

10 月 20 日,《讽刺小说二题　好事》《五粮液奇遇记——大人的童话之一》在《人民文学》第 10 期发表。

10 月,作《在南斯拉夫国际作家会议上的发言》《成都晚报,您好!》。

11 月 1 日,《我到熊猫故乡》在《散文》第 11 期发表。

11 月 16 日,作《在纪念郭沫若诞辰九十周年大会上的讲话》。

12 月 1 日,讽刺小说《大事和小事》在《解放军文艺》第 12

期发表。

12 月 14 日，作《在四川省地方志编纂工作会议上的讲话》。

当年，《我也说振兴川剧》在《川剧艺术》（季刊）第 4 期发表。

1983 年，68 岁

1 月 3 日，《成都晚报，您好!》在《成都晚报》发表。

1 月 8 日，作《关于一篇语文教材的通信》。

1 月 30 日，《对违法的行为必须进行斗争》在《四川日报》发表。

1 月 31 日，《对违反宪法的行为必须进行斗争——学习宪法的笔记》在《四川日报》发表。

1 月，《夜谭十记——〈前记〉·〈报销记〉》在《四川文学》第 1 期发表。

2 月中旬，《写郭老的剧要学郭老写剧——与乐山地区文工团部分同志谈话局〈戎马书生〉的修改问题》在《文谭》第 2 期发表。

2 月，《我也谈抗战文艺》在《抗战文艺研究》第 1 期发表。

《夜谭十记——娶妾记》在《四川文学》第 2 期发表。

3 月 14 日，《他的英名和事业永垂不朽——瞻仰马克思墓追忆》在《四川日报》发表。

3 月 18 日，作《关于〈报告：我们打了一个大胜仗〉的一封信》。

3 月 20 日，《关于一篇语文教材的通信》在《四川师院学报（社会科学版）》第 1 期发表。

3 月，《夜谭十记——禁烟记》在《四川文学》第 3 期发表。

3 月，《三战华园》由上海人民美术出版社出版。

4 月 21 日，《大有进步，还要努力——祝〈青年作家〉创刊两周年》在《成都晚报》发表。

4月，《夜谭十记——沉河记》在《四川文学》第4期发表。

5月4日，为青年作家包川著作《逝水滔滔》作序"勇于探索"。

5月，《夜谭十记——观花记》在《四川文学》第5期发表。

作《组织起来，开创郭沫若研究新局面——在全国郭沫若研究学术座谈会上的发言》。

6月，《夜谭十记——买牛记》在《四川文学》第6期发表。

7月，《外行说川剧改革》在《戏剧与电影》第7期发表。

《夜谭十记——亲仇记》在《四川文学》第7期发表。

8月22日，作《四川省青年文学创作会议开幕词》。

8月27日，作《在四川省青年文学创作会议闭幕式上的讲话》。

8月，《夜谭十记——亲仇记》在《四川文学》第8期发表。

9月20日，创作完成电影文学剧本《这样的人》初稿。

9月，《夜谭十记——军训记》在《四川文学》第9期发表。

秋季，应邀为四川广安邓小平故居撰写长对联。

10月30日，《昭觉寺》在《海棠》第4期发表。

11月，《夜谭十记》由人民文学出版社出版（收录《破城记》《报销记》《盗官记》《娶妾记》《禁烟记》《沉河记》《亲仇记》《观花记》《买牛记》《军训记》）。

12月20日，修改电影文学剧本《这样的人》。

12月25日，《坚持实事求是，深入展开郭沫若研究——在四川省郭沫若研究学术讨论会上的讲话》在《南充师院学报（哲学社会科学版)》第4期发表。

当年，诗歌《永远不能忘记——寄给建民中学的伙伴们》在《飞霞》第 4 期发表。

1984 年，69 岁

1 月 1 日，《作家要不要改造世界观》在《青年作家》第 1 期发表。

1 月 1 日，《且说存在主义小说》在《现代作家》第 1 期发表。

1 月 31 日，《高举社会主义文艺旗帜》在《当代文坛》第 1 期发表。

1 月，《且说存在主义》在《四川文学》第 1 期发表。

2 月 18 日，《马识途同志关于〈我们打了一个大胜仗〉的复信》在《中学语文教学》第 2 期发表。

2 月 23 日，作《在中国作家协会四川分会常务理事扩大会议上的讲话》。

2 月，《马识途短篇小说选》由四川少年儿童出版社出版。

3 月，电影文学剧本《这样的人》在《戏剧与电影》第 3 期发表。

3 月，《向科学文艺作者提一点希望》在《科学文艺》第 3 期发表。

4 月 13 日，《别开生面的农民画展》在《重庆日报》发表。

4 月 15 日，《看八人画展有感》在《四川日报》发表。

5 月 5 日，《整党见闻杂记》（一）：《说到做到　立刻见效》在（四川）《支部生活》第 5 期发表，署名陶文　竞克。

6 月 5 日，《整党见闻杂记》（续一）：《蠢事不可再干》《这个问题也该对照检查 8 分邮票带来的烦恼、官太太搬家记》在（四川）《支部生活》第 6 期发表，署名陶文　竞克。

7 月 5 日，《整党见闻杂记》（续二）：《不要作"烧红苕"干部》《调查与反调查》在（四川）《支部生活》第 7 期发表，署名陶文　竞克。

7 月，开始修改长篇小说《这样的人》。

8月5日，《整党见闻杂记》（续三）：《"红老板"》在（四川）《支部生活》第8期发表，署名陶文　竞克。

8月7日，《她在大海拾贝——关于包川的小说》在《文艺报》第8期发表。

9月5日，《整党见闻杂记》（续四）：《要干改革　不要看改革》在（四川）《支部生活》第9期发表，署名陶文　竞克。

9月15日，《武汉晚报，久违了!》在《武汉晚报》发表。

9月，与沙汀、艾芜、李致一起为张秀熟90岁做寿，作诗《满引金杯寿张老》。

创作完成《〈巴蜀女杰〉后记》。

作《在四川省报告文学创作会议上的讲话》。

《三战华园》由四川人民出版社出版。

10月5日，《整党见闻杂记》（续五）：《"阶下囚"？"座上客"》在（四川）《支部生活》第10期发表，署名陶文　竞克。

10月6日，《诗五首》（《登故里石宝寨远眺》《夔府远望》《忠县山城漫步》《谒张飞庙》《游太白岩》）在《万县日报》发表。

10月，途经家乡忠县，作诗《忠县之夜》《为石宝寨补壁》《题赠故乡故友》《与故乡老农相见后有感，寄县政诸公》。

《我的第一个作品：革命》收入浙江人民出版社《我的第一个作品》。

作《黄龙纪游》。

11月5日，《整党见闻杂记》（续六）：《没有XX的XX体制》在（四川）《支部生活》第11期发表，署名陶文　竞克。

11月，《老三姐》由四川人民出版社出版。

12月5日，《整党见闻杂记》（续七）：《从农民请"财神"想到的组织起来、集体发挥余热》在（四川）《支部生活》第12期发表，署名陶文　竞克。

12月20日，为《川西珍稀植物及花卉》作序。

12月，作《在地下·后记》。

1985年，70岁

1月5日，《且说我追求的风格》在《当代文坛》第1期发表。

1月1日、3日、4日、6日、7日、9日、10日、11日、13日、14日、16日、18日，《成都解放断忆》在《成都晚报》连载。

1月1日，《讽刺是永远需要的》在《青年作家》第1期发表。

1月，作《七律　七十初度》。

2月14日，《希望在于将来——看四川自学者中国画研究会首届国画随想》在《成都晚报》发表。

2月，《"抗战时期的郭沫若学术讨论会"开幕词》在《抗战文艺研究》第1期发表。

作《真大观也——观四川美术学院工艺美术展览后》。

《我们的希望——文学第三梯队》在《作家通讯》发表。

4月，《文山会海何时了？》发表在四川省《领导艺术》第2期。

5月20日，《观风杂记》（一）：《请勿自毁长城，思想上要赶上趟》在（四川）《党的建设》第5期发表，署名陶文　竞克。

5月，《创作需要真诚》在《电影作品》第3期发表。

6月20日，《观风杂记》（续一）：《反对做表面文章　"官大表准"一议》在（四川）《党的建设》第6期发表，署名陶文　竞克。

6月，《"坐排排"的习惯还要改》在（四川）《领导艺术》第3期发表。

7月20日，《观风杂记》（续二）：《需要雪里送炭　千里马常有　伯乐不常有　听老演员、老模范的话有感》在（四川）《党的建设》第7期发表，署名陶文　竞克。

7月，为老友张彦著作《一个驻美记者的见闻》作序《推荐一本认识美国的书》。

8月20日，《观风杂记》（续三）：《政治思想工作怎么做？不正之风何时正》在（四川）《党的建设》第8期发表，署名陶文　竞克。

9月1日，《我的老师》在《四川教育》第9期发表。

10月1日，小说《接力》在《小说导报》第10期发表。

10月20日，《观风杂记》（续四）：《惊人的浪费　对专业户要加强思想工作》在（四川）《党的建设》第10—11期发表，署名陶文　竞克。

10月，《我再说，创作需要真诚》在《银幕内外》第10期发表。

11月1日，《满引金杯寿张老》在《四川晚霞报》发表。

11月24日，作《〈三国演义〉与历史小说》。

12月2日，《一个老战士的话》在《四川日报》发表。

12月20日，《观风杂记》（续五）：《精神文明建设二题》在（四川）《党的建设》第12期发表，署名陶文　竞克。

当年，作《信天游地》。

1986年，71岁

1月1日，《理想·纪律·社会主义》在（四川）《党的建设》

第 1 期发表。

1 月 7 日，《文艺家的神圣职责》在《四川精神文明报》发表。

1 月 15 日，《〈清江壮歌〉的历史背景》在《文史杂志》第 1 期发表。

1 月，《东岳朝山记》在《旅游天府》第 1 期发表。

2 月 1 日，《祖国的将来就在我们的肩上》在《四川教育》第 2 期发表。

2 月 7 日，作《在〈青年作家〉编辑部座谈会上的讲话》。

2 月 16 日，作《此风何时息?》。

2 月，《先考法律知识　再走马上任好》在《领导艺术》第 1 期发表。

3 月 31 日，《全国人大代表手记之一：前进，前进，进!》在《人民日报》发表。

3 月，《四川省党史座谈会上赠人》在《岷峨诗稿》第 1 期发表。

《学习写作寄语》在《写作学习》总第 6 辑发表。

4 月 1 日，《全国人大代表手记之一：挽起袖子改革》在《人民日报》发表。

4 月 1 日，《我说〈青年作家〉——庆祝〈青年作家〉创刊五周年》在《青年作家》第 4 期发表，并题词"千淘万漉虽辛苦，吹尽狂沙始到金"。

4 月，《巴蜀女杰》由中国青年出版社出版。

《她，一颗闪光的流星》由四川少年儿童出版社出版。

5 月 1 日，《法制教育二题》在（四川）《党的建设》第 5 期发表。

5 月，作《蜀南竹海纪胜》(《七律　劲竹》《七律　游万岭菁竹海》《五律　寻忘忧谷》《七绝　粉竹》《七绝　翠羽》《七绝　竹海闻鸣琴蛙》)。

6月1日，《信息的春雷》在（四川）《党的建设》第6期发表。

6月，创作完成《〈京华夜谭〉后记》。

9月5日，《竹海笔会拾言》在《当代文坛》第5期发表。

秋，《峨城怀陈俊卿烈士》在《岷峨诗稿》第3期发表。

当年，作《教训到底在哪里？》《鲁迅式杂文过时了吗？》《杂文应该提高质量》。

1987年，72岁

1月1日，《五猪能人》在《现代作家》第1期发表。

2月1日，《不入党申请书》在《现代作家》第2期发表。

2月1日，《写作，作为一种事业》在《写作》第2期发表。

2月7日，《社会主义精神文明建设与现代化》在《群言》第2期发表。

2月，《在地下》由四川大学出版社出版。

3月1日，《钱迷的奇遇》在《现代作家》第3期发表。

3月5日，《振奋精神，开拓前进，迎接四川文学事业的更大繁荣！——在作协四川分会第三次会员代表大会上的报告》在《当代文坛》第2期发表。

3月，与刘绍棠一起为《大众小说丛书》作序。

4月1日，《钟懒王的酸甜苦辣》在《现代作家》第4期发表。

4月22日，《真大观也（谈艺录）》在《人民日报》发表。

5月1日，《风声》在《现代作家》第5期发表。

5月，《深入一步开展郭沫若研究——在"郭沫若传记文学"

学术讨论会上的讲话》在《郭沫若学刊》第 1 期发表。

《京华夜谭》由四川文艺出版社出版。

6 月 1 日，《我错在哪里》在《现代作家》第 6 期发表。

7 月 1 日，《臭烈士》在《现代作家》第 7 期发表。

7 月，作《漫说克服官僚主义》。

夏，《游万县太白岩兼怀诗人何其芳》在《岷峨诗稿》第 6 期发表。

8 月 1 日，《典型迷》在《现代作家》第 8 期发表。

9 月 1 日，《挑战》在《现代作家》第 9 期发表。

9 月 4 日，作《也说"法律是执法的唯一依据"》。

9 月 5 日，《谈谈雅文学与俗文学——在〈华子良〉作品讨论会上的讲话》在《当代文坛》第 5 期发表。

秋，《均台旧咏》（《书愤》《狱中怀战友》《狱中祭亡人》）在《岷峨诗稿》第 7 期发表。

9 月 19 日，作《认真学习和正确评价鲁迅》。

10 月 1 日，《祝贺和希望》在《银幕内外》第 10 期（总第 100 期）发表。

10 月 1 日，《但愿明年不再见》在《现代作家》第 10 期发表。

10 月 7 日，与艾芜、沙汀、张秀熟、巴金游杨升庵故里桂湖，作诗《奉题巴金、张秀熟、沙汀、艾芜游桂湖签名册》《五老游桂湖》，请巴金、张秀熟、沙汀、艾芜、陈之光、李致等签名留念。

10 月 10 日，陪同巴金、张秀熟、沙汀、艾芜前往成都东大街 153 号著名川菜馆蜀风园品尝川菜，作《七绝　草堂蜀风园宴上口占呈巴老》《七律　呈巴金老》《五律　迎巴金老归》。

10 月，作《五律　在桂湖宝光寺迎接巴老游杨升庵桂湖故居》，创作《五老桂湖集序》，请巴金、沙汀、艾芜、张秀熟签名留念。

10月17日，作《谈谈现代文学研究的方法问题》。

10月20日，《努力创作雅俗共赏的文学作品——在中国俗文学学会四川分会成立上的讲话》在《处女地》第10期发表。

11月1日，《笑死人的故事》在《现代作家》第11期发表。

11月，为《郭沫若佚文集》作序。

作《五律　呈阳翰笙老》。

12月1日，《在欢送会上》在《现代作家》第12期发表。

当年，作《且说"新八股"》《波兰纪行》。

《峥嵘岁月：怀念齐亮》（续一）在《南方局党史资料》第4期发表。

1988年，73岁

1月7日，《毛驴不能当马骑》在《群言》第1期发表。

1月，《书法应该从小学抓起》在《中国书法》第1期发表。

《从"夕阳艺术""棺材艺术"说起》在《戏剧与电影》第1期发表。

2月5日，为《创新川菜》作序《贵在创新》。

为《大千风味菜肴》作序《别有风味在人间》。

2月7日，《反思过去，锐意革新——波兰政治体制改革拾零》在《群言》第2期发表。

3月25日，《读文随记》在《人民日报》发表。

3月25日，《在〈巴金〉首映式上的讲话》在《四川文化报》发表。

3月，作《杂文不要害怕"对号入座"》。

作《在四川省杂文学会成立会上的书面发言》。

春,《呈三老诗三首》(《呈巴金老》《呈阳翰笙老》《呈艾芜老》)在《岷峨诗稿》第 9 期发表。

4 月 2 日,《我正在想……》在《人民日报》发表。

4 月 22 日,作《新闻媒体是民主的催化剂》。

4 月 25 日,《〈郭沫若学术佚文集 序〉》在《郭沫若学刊》第 1 期发表。

4 月,《卢老师》在《方志通讯》第 4 期发表。

5 月 7 日,作《在文化撞击中深化郭沫若研究》。

5 月 7 日,《〈胡涂大观〉添新章》在《群言》第 5 期发表。

5 月 30 日,《时代需要杂文》在《杂文界》第 3 期发表。

5 月,作《文学的一点思考——在西南五省区作家龙宫笔会上的发言》。

6 月 20 日,《巴金回家记》在《当代》第 3 期发表。

6 月,作《五律 登射洪九华观子昂读书台,步陈子昂登九华观五律原韵》《射洪饮春酒怀子昂、子美》。

7 月,作《指示》。

8 月 4 日,《防盗盖为什么防不了盗?》在《经济文汇报》发表。

9 月 6 日,为《绵阳市风光名胜诗选》撰写题记《风景这边独好》。

9 月 14 日,《小题反做》在《人民日报》发表。

9 月 24 日,作《杨升庵先生诞辰五百周年纪念堂嘱文》。

9 月,《文学的一点思考》在《红岩》第 5 期发表。

10 月 1 日,为《四川百人杂文集》作序。

10 月 18 日,《要重视通俗文学》在《写作》第 10 期发表。

10 月 20 日,《魔窟十年》在《处女地》连载。

10月25日，《在文化撞击中深化郭沫若研究》在《郭沫若学刊》第3期发表。

10月28日，《"庆父不死，鲁难未已"——五议之一》在《成都晚报》发表。

11月2日，《子系中山狼，得志便猖狂——五议之二》在《成都晚报》发表。

11月4日，《老虎上街，人人变色——五议之三》在《成都晚报》发表。

11月7日，《航道已经开通》在《群言》第11期发表。

11月7日，《一叶之落，青萍之末——官倒五议之四》在《成都晚报》发表。

11月14日，《治"倒"有方，我复何言——官倒五议之五》在《成都晚报》发表。

11月，《西南联大　中国教育史上一颗灿烂之星》在《中国建设》第11期发表。

12月1日，为《历代蜀词全辑》作序《写在〈全蜀词〉前面》。

12月20日，《魔窟十年》在《处女地》第12期连载。

12月23日，作《在四川省首届郭沫若文学奖、第二届四川文学奖发奖大会上的致辞》。

12月，《那样的时代，那样的人》在《中华英烈》第2期发表。

当年，《外行说教育》在《教育导报》第3期发表。

作《往事犹堪回首》《烹饪是文化，是艺术》。

《峥嵘岁月：怀念齐亮》（续二）在《南方局党史资料》第3期发表。

1989 年，74 岁

1 月 3 日，《时代还需要杂文》在《人民日报》发表。

1 月，为崔桦《生活拒绝叹息》作序《为现实主义一辩》。

1 月，《纪游二首》(《游万岭　竹海》《寻忘忧谷》) 在《岷峨诗稿》第 11 期发表。

1 月，《巴金回家记》在《散文选刊》第 1 期发表。

2 月 1 日，《为政清廉与反对腐败现象平议——题外赘言》在《成都晚报》发表。

2 月 3 日，《注意那"一个指头"》在《成都晚报》发表。

2 月 10 日，《就怕我做不到》在《成都晚报》发表。

2 月 10 日，《谨防新八股》在《写作》第 2 期发表。

2 月 13 日，《民主党派的名和实》在《成都晚报》发表。

2 月 17 日，《不怕简报，就怕上报》在《成都晚报》发表。

3 月，《满江红　入狱之夜口号》在《岷峨诗稿》第 12 期发表。

4 月，《我在滇南的工作情况》在《红河州党史资料通讯》第 4 期发表。

5 月 1 日，作《〈创业教育——教育整体改革的新构思〉序》。

5 月，为《红岩春秋》创刊号撰写"卷首语"。

5 月，《诗三首》(《春》《狱中春》《华发》) 在《岷峨诗稿》第 13 期发表。

6 月 1 日，《深入郭沫若研究的浅议》在《郭沫若研究》第 7 辑发表。

6 月，为《人间真情》作序。

7 月，《新建黄鹤楼》在《岷峨诗稿》第 14 期发表。

8月，为《一代桐凤——阳友鹤文存》作序。

8月，贺《人民文学》创刊四十周年，题词"墨海声波　笔底惊雷"。

9月，《嘉州诗组》在《岷峨诗稿》第15期发表。

11月，为四川文艺出版社丛书《处女书系》作序。

11月，《诗词三首》在《岷峨诗稿》第16期发表。

12月，为崔桦著作《生活拒绝叹息》的序言"为现实主义一辩"添加附记。

当年，作《失误在哪里?》。

1990年，75岁

1月，为《何继笃书画选》作序，作《行香子　闲步山村》《七律二首　马年元旦率全家避走乐山》。

2月，作《奇缘》《四川的茶馆》。

2月7日，《新年的祝愿》在《群言》第2期发表。

3月4日，《四川的茶馆》在《光明日报》发表。

春，《诗三首》（《重访李劼人菱窠　一九八六》《重读邓拓〈燕山夜话〉　一九八〇》《悼川剧名丑周全何　一九八八》）在《岷峨诗稿》第17期发表。

4月，《魔窟十年》由重庆出版社出版。

夏，《诗五首》在《岷峨诗稿》第18期发表。

10月29日，作《"郭沫若与传统文化"学术研讨会开幕词》。

11月5日，《悼周克芹同志》在《当代文坛》第6期发表。

11月，作《我的286》《祝成都画院成立十周年》。

12 月，作《用电脑搞创作行吗?》。

1991 年，76 岁

1 月 1 日，《雷神传奇》在《四川文学》第 1 期开始连载。

1 月 25 日，《"郭沫若与传统文化"学术研讨会开幕词》在《郭沫若学刊》第 4 期发表。

1 月，作《走自己的路——祝〈青年作家〉创刊十周年》。

2 月 1 日，《走自己的路》在《青年作家》第 2 期发表。

2 月 1 日，《雷神传奇》在《四川文学》第 2 期连载。

3 月 1 日，《雷神传奇》在《四川文学》第 3 期连载。

3 月 5 日，《为现实主义一辩——崔桦小说集〈生活拒绝叹息〉序言》在《当代文坛》第 2 期发表。

3 月，为张秀熟著作《二声集》作序。

春，《情诗七律三首》在《岷峨诗稿》第 19 期发表。

4 月 1 日，《雷神传奇》在《四川文学》第 4 期连载。

4 月 15 日，《龙门阵创刊十周年贺七律二首》在《龙门阵》第 4 期发表。

5 月 1 日，《雷神传奇》在《四川文学》第 5 期连载。

5 月，《在四川文艺创作座谈会上的讲话》在《四川文艺报》发表。

6 月 1 日，《雷神传奇》在《四川文学》第 6 期连载。

6 月 1 日，作《在〈红岩〉发行三十周年纪念会上的书面发言》。

6 月 2 日，作《在中国作家协会四川分会第四次会员代表大会闭幕词》。

6 月底，作《念奴娇 建党七十周年》。

夏,《大江东去 建党七十周年》在《岷峨诗稿》第20期发表。

7月1日,《雷神传奇》在《四川文学》第7期连载。

8月1日,《雷神传奇》在《四川文学》第8期连载。

9月1日,《雷神传奇》在《四川文学》第9期连载。

9月5日,《团结一致,扎实工作,争取我省文学事业的更大繁荣——在中国作家协会四川分会第四次代表大会上的工作报告》在《当代文坛》第5期发表。

9月12日,作《在巴金国际学术讨论会上的开幕词》。

9月21日,《也说现实主义》在《文艺报》发表。

10月7日,《丹心昭日月——悼念彭迪先同志》在《群言》第10期发表。

10月1日,《雷神传奇》在《四川文学》第10期连载。

10月,为《成都画院作品集》作序《纵情泼墨写春光》。

11月1日,《雷神传奇》在《四川文学》第11期连载。

12月3日,作《研究沙汀,学习沙汀——在祝贺沙汀创作六十周年暨沙汀作品研讨会上的发言》。

12月1日,《雷神传奇》在《四川文学》第12期连载。

冬,《词两首》(《西南联大建校五十周年,老友昆明小聚即席赠诗》《游庐山会议旧址十韵》)在《岷峨诗稿》第22期发表。

当年,作《最痛苦和最痛快的事》。

1992年,77岁

1月1日,《雷神传奇》在《四川文学》第1期连载。

2月1日,《雷神传奇》在《四川文学》第2期连载。

2 月 10 日，农历正月初七，参加杜甫草堂"人日草堂诗会"，作《七律　壬申人日杜甫草堂诗会上急就》《草堂诗会上口号联句诗》。

2 月，《关于读书》在《语文学习》第 2 期发表。

3 月 1 日，《雷神传奇》在《四川文学》第 3 期连载。

3 月 19 日，作《民主建设在前进》。

3 月，为《少年郭沫若》作序。

春，《壬申人日杜甫草堂诗会上急就七律》在《岷峨诗稿》第 23 期发表。

4 月 1 日，《雷神传奇》在《四川文学》第 4 期连载。

5 月 1 日，《秋香外传》在《四川文学》第 5 期开始连载。

5 月 22 日，《应该研究李劼人》在《新文学史料》第 2 期发表。

5 月，《忆齐亮》在《红岩春秋》第 3 期发表。

6 月 1 日，《秋香外传》在《四川文学》第 6 期连载。

夏，《诗三首》(《柳州谒柳侯祠》《登射洪九华观子昂读书台》《访灵渠有感》)在《岷峨诗稿》第 24 期发表。

7 月 1 日，《秋香外传》在《四川文学》第 7 期连载。

7 月 5 日，《为繁荣中国特色的社会主义文艺而努力》《祝贺〈当代文坛〉创刊十周年》在《当代文坛》第 4 期发表。

7 月，《忆齐亮》(续)在《红岩春秋》第 4 期连载。

8 月 1 日，《秋香外传》在《四川文学》第 8 期连载。

8 月 28 日，《用电脑写作更觉胜任愉快》在《人民政协报》发表。

9 月 6 日，作《首届川剧学国际研讨会开幕致辞》。

9 月 26 日，作《在四川省首届少数民族优秀文学作品奖颁奖大会上的致辞》。

9月，《忆齐亮》（续）在《红岩春秋》第5期连载。

作《七律　川剧名艺人陈书舫从艺六十周年纪念》。

秋，《赠友人七律三首》（《赠王朝闻》《初见李锐于中华诗词学会成立大会上》《赠谢韬》）在《岷峨诗稿》第25期发表。

10月1日，《报春花的故事》在《四川文学》第10期发表。

10月21日，作《四川郭沫若研究的回顾与前瞻——在"郭沫若与中国科学文化"学术研讨会上的发言》。

10月，为《怎样用电脑写文章》创作前言。

11月1日，《纪念郭沫若，学习郭沫若》在《郭沫若百年诞辰纪念文集》发表。

11月5日，《〈俏皮话大全〉序》在《当代文坛》第6期发表。

11月，《雷神传奇》由人民文学出版社出版。

11月，为《历史的选择》作序。

12月5日，作《悼艾芜》。

12月14日，作《悼沙汀》。

当年，作《且写闲文说升平》《科学城的一颗明珠》。

《为石宝寨补壁》在《巴乡村》第3期发表。

1993年，78岁

1月7日，《坚持基本路线，必须注意防"左"》在《群言》第1期发表。

1月9日，作《1993年新年寄语》。

1月，《大海阻不断的友谊》在《红岩春秋》第1期发表。

3月1日,《问天赤胆终无悔》《悼念沙汀同志:〈忆秦娥〉〈念奴娇〉》在《四川文学》第3期发表。

3月28日,为《四川五一文学系列丛书》第一集《冲出夔门》作序。

春,《"文革"后云南行七律三首》(《大观楼》《旧友新逢》《赠左迁六诏友人》)在《岷峨诗稿》第27辑发表。

5月22日,《青峰点点到天涯——悼念艾芜老作家》《一个问心无愧的人——悼念沙汀同志》在《新文学史料》第2期发表。

5月26日,作《在"建筑与文学"学术研讨会开幕式上的讲话》。

5月27日,作《让人们的生活更美——在"建筑与文学"学术研讨会上的发言》。

5月,作《迎接新世纪的黎明——纪念四川省文学艺术界联合会成立四十周年》《水调歌头 初上井冈山,步毛泽东原韵》《贺新郎 登滕王阁怀古》《水调歌头 登黄鹤楼》《七律 武昌黄鹤楼重建》。

夏,《自度曲》(二首)在《岷峨诗稿》第28期发表。

7月22日,作《在四川省写作学会学术讨论会上的发言》。

7月,作《我只得站出来说话了》。

为《白居易与忠州》作序。

9月20日,《且说"民告官"》在《上海法制报》发表。

9月25日,《孔子曰:"必也正名乎"》在《光明日报》发表。

9月25日,《青松挺且直——悼念阳翰老》在《郭沫若学刊》第3期发表。

9月,作《再说"民告官"》。

10月1日，《我只得站出来说话了》在《四川文学》第10期发表。

10月7日，《万里云天一片情——祝贺四川省作家协会文学院成立十周年》在《四川日报》发表。

10月14日，作《在意大利第十九届蒙代罗国际文学奖发奖仪式上的祝词》。

10月19日，《旧把戏的新表演》在《羊城晚报》发表。

10月，作《旅意杂记》。

11月5日，《青松挺且直——悼念阳翰老》在《当代文坛》第6期发表。

11月20日，《德高北斗　望重南山——为张秀熟老人祝百岁大寿》在《文史杂志》第6期发表。

12月25日，《从中华民族文化研究说到儒学研究》在《郭沫若学刊》第4期发表。

12月，为重庆女作家邢秀玲散文集《情系高原》作序。

冬，《祝寿诗三首》《满引金杯寿张老》《为巴金老九十大寿祝寿》（二首）在《岷峨诗稿》第30期发表。

当年，作《面子问题》《报何西来书》。

1994年，79岁

1月3日，作《识途的辩证及品茶之道》。

1月17日，作《八十自叙》。

1月20日，《"东坡"之名从何而来——〈白居易与忠州〉序》在《文史杂志》第1期发表。

1月，八十大寿时撰写《老人的情怀》一文。

作《老年的怀念》。

2月15日，《毛泽东主席和三个美国兵》在《今日四川》第1期发表。

2月28日，《建筑与文学》在《四川建筑》第1期发表。

2月，《荒唐的建议》在《作品》第2期发表。

3月19日，《识途的辩证及品茶之道》在《光明日报》发表。

3月25日，作《挽张秀熟老》。

春，《戎州行词三首》在《岷峨诗稿》第31期发表。

4月2日，作《应该重新阅读〈甲申三百年祭〉》。

4月5日，《建设社会主义新文化》在《中华文化论坛》第2期发表。

4月，作《天彭牡丹颂六首》。

5月22日，创作完成电影剧本《十个回合》（故事提纲）。

5月27日，《饕餮在中国肆虐》在《四川政协报》发表。

6月4日，《名著改编和地方特色》在《人民日报》发表。

6月25日，《应该重新阅读〈甲申三百年祭〉》在《郭沫若学刊》第2期发表。

6月，为《赵蕴玉国画集》作序。

作《解放军军民抢修都江堰记》。

夏，《挽张秀老联》在《岷峨诗稿》第32期发表。

7月15日，《"'文革'诗"解（之一）》在《龙门阵》第4期发表。

8月5日，《普及电脑还要做很多工作》在《电脑报》发表。

9月15日，《"'文革'诗"解（之二）》在《龙门阵》第5期发表。

9月18日，为《创业教育论集》作序。

秋,《故乡行》(五首)在《岷峨诗稿》第 33 期发表。

作《盛世微言·后记》。

10 月,《盛世微言》由成都出版社出版。

11 月 15 日,《如今何处找好人》在《龙门阵》第 6 期发表。

11 月 24 日,《狗咬人不是新闻,人咬狗才是新闻》在《文汇报》发表。

11 月,作《七律 羊年五月步龛斋主人七律原韵》。

12 月 24 日,《未悔斋记》在《光明日报》发表。

12 月 25 日,作《垃圾桶边》。

12 月,作《何来"不坠乌龟"》《七律 悼贾唯英》。

冬,《三峡行》(五首)在《岷峨诗稿》第 34 期发表。

当年,作《为什么是非如此颠倒?》《有这样一些人》。

1995 年,80 岁

1 月 11 日,《本末倒置》在《光明日报》发表。

1 月 15 日,《于危难处见真情》在《龙门阵》第 1 期发表。

1 月 20 日,《革命的友情唤回了青春》在《四川党史》第 1 期发表。

1 月,作《寿星明 八十自寿词》。

长诗《路》在《峨眉》第 1 期发表。

2 月 15 日,《一张地下报纸——XNCR》在《新闻界》第 1 期发表。

3 月 1 日,《从王蒙没有两个面孔说起》在《广州文艺》第 3 期发表。

3 月 7 日,《我不赞成文化完全商品化》在《群言》第 3 期发表。

3 月 15 日,《指日重登点将台》在《龙门阵》第 2 期发表。

3月27日，为《当代四川散文大观》作序。

春，《寿星明 八十自寿》在《岷峨诗稿》第35期发表。

4月1日，《先从"州官不放火"说起》在《出版参考》第7期发表。

4月4日，《从一家人看一个时代》在《人民日报》发表。

5月15日，《是非功罪凭谁论》在《龙门阵》第3期发表。

6月12日，作《我的老年观》。

6月20日，《专车轶闻》在《当代》第3期发表。

夏，《词二首》在《岷峨诗稿》第36期发表。

7月7日，作《勿忘国耻》。

8月20日，《坏蛋就是我》在《当代》第4期发表。

9月15日，《强女人和弱女人》在《龙门阵》第5期发表。

9月20日，《建立有中国特色的社会主义新文化》在《文史杂志》第5期发表。

秋，《诗词二首》在《岷峨诗稿》第37期发表。

10月，作《访邓小平故居》。

11月底，前往昆明参加"一二·一运动"五十周年纪念活动，作《七律 昆明遇西南联大老同学》《七律 莲花池畔告别》。

11月，作《应该好好研究李劼人——在李劼人研究会成立大会上的发言》。

12月25日，《继往开来，深入开展郭研工作——在"郭沫若与抗战文化"学术研讨会上的总结讲话（摘要）》在《郭沫若研究学刊》第4期发表。

12月，作《在成都市作家协会成立大会上的讲话》。

冬，《云南行》（四首）在《岷峨诗稿》第38期发表。

当年，作《无奇不有》《半生文字缘》。

1996年，81岁

1月8日，作《中国人的价值观》。

1月13日，作《提倡以东方文学为基础的比较文学研究——在比较文学国际学术研讨会上的致辞》。

1月15日，《文化革命从头说》在《龙门阵》第1期发表。

1月，《重返红岩村随笔》在《红岩春秋》第1期发表。

《作家的神圣职责就是创作：在重庆作家代表大会上的发言》在《红岩》第1期发表。

作《1996年新春寄语》。

3月15日，《家破人亡》在《龙门阵》第2期发表。

3月24日，作《春节，我被吊在峨眉山空中》。

3月，为卢子贵散文集《瓜豆录》作序，为《人生十万个为什么·青年卷》作序言《路漫漫其修远兮，吾将上下而求索》，为《高文书法》作序。

作《云南行》。

5月3日，作《打假要打真货里的假货》。

5月4日，作《打假要认真　领导是关键》。

5月5日，作《骗子，中国的"三大怪"》。

5月6日，作《何必火光冲天》《五十步笑百步》《打假要打假新闻、假广告、假报告文学》。

5月8日，作《必须清除地方保护主义的迷人色彩》《夹江制假案的另一个"异想"》《夹江打假官司的"异想"》《奸商与"刁民"》。

5月10日，作《打假要不要打假官》。

5月11日，作《可悲，我给人家做活广告》《假广告狂潮为何屡禁而不止》。

5月15日，《斗争升级》在《龙门阵》第3期发表。

5月20日，《从强国之梦到强国之路——〈强国之梦〉系列丛书读后》在《文史杂志》第3期发表。

5月23日，作《我说杂文创作》《立起直追，迎头赶上》。

5月31日，作《美国是一个自我陶醉的国家》。

5月，撰写《〈西南联合大学校史〉（第三编）读后感》。

6月25日，作《真的阴魂不散?》。

6月，作《打假要认真　领导是关键》（之一）、《打假要不要打假官?》（上）。

夏，《"文革"遗韵　苗溪劳改农场偶遇胡风三首》在《岷峨诗稿》第40辑发表。

7月15日，《你这哪里是检讨的问题哟》在《龙门阵》第4期发表。

7月，作诗《七绝　亡妻三十年祭》。

9月15日，《"国际间谍"和"叛徒"》在《龙门阵》第5期发表。

10月16日，参加四川大学百年校庆，作《水调歌头　四川大学百年庆会上赠胡绩伟等诸校友》。

10月，《马识途讽刺小说集》由人民文学出版社出版。

作《沁园春　中华诗词学会重庆诗会》《鹊桥仙　重庆诗会》。

秋，《"文革"遗韵》在《岷峨诗稿》第41辑发表。

11月15日，《种棉花事件》在《龙门阵》第6期发表。

11月27日，作《迟到的祝贺》《我与电脑》。

11 月，作《我的 286》。

12 月 18 日，《我观风雅文化》在《光明日报》发表。

12 月，参加中国作家协会第五次作家代表大会，作诗《沁园春 中国第五次作家代表大会》。

当年，作《光阴似箭 日月如梭》《说〈华西都市报〉》。

1997 年，82 岁

1 月 15 日，为《乃千艺舟》作序"序外的话"。

《水利方针争论》在《龙门阵》第 1 期发表。

1 月，作《五律 盼香港回归》。

2 月，作诗《沁园春 悼邓小平同志》。

3 月 1 日，《邓小平二三事》在《四川文学》第 3 期发表。

3 月 18 日，为《沙汀年谱》作序。

3 月，作《盼香港回归二首》。

4 月 22 日，作《世界只有一个成都》。

4 月，为《罗建散文集》作序"不是序言的序言"。

6 月 10 日，作《在新世纪的门口，我们需要的是行动》。

6 月 17 日，作《香港回归漫言》。

6 月 20 日，作《我升级了》。

6 月 25 日，作《真的阴魂不散》。

7 月 1 日，作《香港回归书楹联一副》《浣溪沙二首 庆香港回归》。

7 月 15 日，《周恩来二三事（上）》在《龙门阵》第 4 期发表。

7 月，修改 1946 年创作完成的长诗《路》，并作《路·后记》。

8月，长诗《路》由四川人民出版社出版。

9月15日，《周恩来二三事（中）》在《龙门阵》第5期发表。

9月25日，作《语言污染》。

9月30日，作《我的喜和忧》。

9月7日，《人生是什么》在《人生与伴侣》第9期发表。

10月，作《依法治国，不是以法治国》。

11月15日，《周恩来二三事（下）》在《龙门阵》第6期发表。

11月27日，作《我还要写杂文》。

12月7日，《最大的喜和最大的忧》在《群言》第12期发表。

1998年，83岁

1月20日，《访邓小平故居》在《西南旅游》第1期发表。

1月，作《谁说蜀中无大将——1998年新春寄语》。

2月，作《焚余残稿·后记》。

5月4日，到北京人民大会堂，参加北京大学建校一百周年纪念大会，作诗《北京大学百年校庆》。

5月15日，《我和统一战线（上）》在《龙门阵》第3期发表。

5月，《风雨如磐港岛行》在《红岩春秋》第3期发表。

6月12日，《多读点课外好书》在《中学生阅读》（初中版）第6期发表。

6月19日，作《隐蔽战线工作的体会——在中国国际文化交流中心座谈会上的发言》。

6月，作《七律二首 访季羡林老人》。

7月18日，作《百年盛事我幸逢》。

7月20日，作《作家们，上网吧》。

7月，为《桑榆集》作序《老树春深更著花》。

作《七律　为作〈沧桑十年序〉后，呈季老》。

8月12日，为《成都青年工作回顾》作序"问苍茫大地谁主沉浮"。

8月15日，《我和统一战线（下）》在《龙门阵》第4期发表。

9月18日，为《川大英烈》作序。

10月1日，作《在中国中外文艺理论学会学术研讨会上的发言》。

10月，作《沧桑十年·后记》。

11月20日，作《在〈巴蜀文化大典〉首发式上的讲话》。

11月28日，完成对《没有硝烟的战线》的修改。

11月，为《沙汀艾芜纪念文集》作序。

为《起步与腾飞》作序"前事不忘，后事之师"。

12月10日，作《在十一届三中全会举行二十周年四川省文艺界座谈会上的发言》。

12月，为《四川忠县石宝乡坪山坝上坝马氏家史　先父马玉之生平述略》作序。

作《我对四川文学的几点看法》。

当年，作《"还是有一点资本主义好?"》《治治整人的人》《"洗脑"记》。

1999年，84岁

1月20日，作《七律　西南学院校友会纪事》。

1月20日，《长篇历史纪实文学〈川西黎明〉序》在《四川党史》第1期发表。

1月，《沧桑十年》由中央党校出版社出版。

2月5日，《我对诗歌的一点看法》在《星星》诗刊第2期发表。

2月，《焚余残稿》（诗集）由重庆出版社出版。

3月5日，《我的诗：我的没字的诗集的有字的序诗》在《星星》第3期发表。

3月6日，作《我的〈不亦快哉〉》。

3月25日，为《建国五十年四川文学作品选》作序。

4月1日，作《希望在于将来——说巴金文学院》。

4月8日，作《我也说老照片》。

4月10日，作《我上网了，但是我想说……》。

6月17日，作《软件——人类文明飞跃的跳板》。

6月25日，作《真的阴魂不散?》。

6月，作《散文杂言》。

7月5日，《快哉痛哉本为邻——我的不亦快哉》在《四川文学》第7期发表。

8月15日，作《在中国比较文学学会第六届年会暨国际研讨会开幕式上的讲话》。

8月，作《七律　昆明世界花卉博览会》《自度曲　昆明世界花卉博览会》《七律　重游大理，当年战友多已下世》《五律　大理追思》《七绝　丽江夜》。

9月7日，《风雨沧桑50年》在《群言》第9期发表。

9月10日，作《不要忘记烈士的嘱托》。

9月21日，《耄耋之年　喜庆辉煌》在《人民日报》发表。

9月30日，作《国庆五十周年感言》。

9月，为迎国庆五十周年，作《沁园春　国庆五十周年》《七绝　五十国庆，感赋》。

作《政协兴，国家兴》。

10月1日，《早请示，晚汇报》在《书摘》第10期发表。

10月5日，《永远的遗憾》在《四川文学》第10期发表。

作《七绝　五十国庆，感赋》《采桑子二首　一九九九年九月九日重阳老人会上》。

12月9日，《一份埋藏了46年的〈狱中意见〉》在《光明日报》发表。

12月12日，作《续清江壮歌》。

12月20日，作《七绝　迎澳门回归》。

12月，作《七绝　向四川作家恭贺二千年新禧》。

2000年，85岁

1月，作《七律　八五自寿诗》。

3月17日，作《评价历史人物必须"知人论世"——在"郭沫若与新中国"学术讨论会上的发言》。

3月21日，作《马识途说，叫锦江，不叫府南河》。

3月，作《胡长清的临终"豪言"》。

5月10日，作《在四川省作家协会五届三次全委会上的讲话》。

5月12日，作《在四川省第二次青年创作会议上的讲话》。

5月20日，《万县赶考奇观》在《红岩春秋》第3期发表。

6月30日,《评价历史人物必须"知人论世"》(代序言)在《郭沫若与二十世纪中国文化》发表。

7月20日,《当年彭总在四川》在《四川日报》发表。

7月21日,作《洞穴文化》。

7月,修改《休闲文化小议》。

8月25日,作《在四川省杂文学会2000年年会上的发言》。

8月30日,作《把新龙门摆好——〈龙门阵〉创刊20周年》。

8月,作《又出"电老虎"了?》

9月,作《寿星明　祝士弘三哥九十大寿》。

10月3日,作《边沿的话》。

10月7日,为《川渝口头禅》作序。

10月,作《最可笑的事》《读报摘录思考》《不严治贪,毁了干部》。

11月1日,《把新龙门阵摆好》在《龙门阵》第11期发表。

11月,作《我和人民文学出版社的文字缘》。

《边沿的话语》在《中国政协》第11期发表。

12月8日,作《说阿来与魏明伦》。

12月12日,作《世纪回眸》。

12月27日,在《光明日报》发表《世纪回眸》。

12月,作《再加把火,追根源》。

当年,作《你有政策,我有对策》《我赞成说普通话,也可从权》。

2001年,86岁

1月6日,作《曙光已照莽昆仑》。

1月11日，作《新世纪放言》。

2月7日，《人类是有希望的》在《群言》第2期发表。

3月7日，《世纪回眸》在《科技文萃》第3期发表。

4月19日，《话说阿来与魏明伦》在《文学报》发表。

4月20日，《无冕之王》在《新闻界》第2期发表。

5月22日，《〈清江壮歌〉出版的前前后后——我和人民文学出版社的文字缘》在《新文学史料》第2期发表。

5月25日，《新竹高于旧竹枝》在《四川戏剧》第3期发表。

7月，为谭昌华词稿《浩瀚集补遗序》作序。

8月28日，作《研究"郭沫若现象"》。

8月31日，作《认识真理难》。

9月1日，作《从"辽西冤案"想到的》。

9月17日，作《贪污都上轨道了》。

9月26日，作《执政与参政》。

10月8日，作《婚姻·爱情·道德》。

10月，《马识途诗词钞》由天地出版社出版。

作《寿星明　祝八弟子超及玉莹八十大寿》。

当年，作《正面宣传就是实事求是》《反复的新招儿》《再说反腐新招儿》《不明的事〈反腐要追根源〉》。

2002年，87岁

1月1日，作《七律　谢亲友》。

1月4日，《我因不敢为她说句公道话而遗憾终生——悼念贺惠君同志》在《炎黄春秋》第1期发表。

1月5日，《也说"不醉乌龟小酒家"的事》在《文史杂志》第1期发表。

1月8日，作《臭豆腐干》。

1月15日，作《2002年新春寄语》。

1月26日，作《悼韦君宜》。

1月28日，作《悼张光年》。

1月，作《我是白痴》。

3月，作《七律　龙泉看桃花》《七律　龙泉吊桃花》。

4月9日，作《作"秀"》《一个镇上面有"婆婆"一百多个》。

4月，作《政绩工程何其多?》。

5月，作《七律　回首》。

6月4日，《〈沧桑十年〉前言》在《炎黄春秋》第6期发表。

6月28日，作《在四川省作家协会第六次代表大会闭幕式上的讲话》。

6月30日，《郭沫若研究也要与时俱进》在《郭沫若与百年中国学术文化回望》发表。

7月20日，《留得丹心一点红》在《四川党史》第4期发表。

8月，修订《忠州赋》《〈刘诗白书法集〉观后絮言》。

11月20日，作《中国先进文化前进方向的伟大代表——在郭沫若诞辰110周年纪念会上的讲话》。

11月25日，作《旧话重说》。

11月，作《念奴娇　京门友人聚饮》。

12月，《中国先进文化前进方向的伟大代表——在郭沫若诞辰110周年纪念会上的讲话》在《郭沫若学刊》第4期发表。

当年，作《什么也不怕》。

2003 年，88 岁

1 月，作《2003 年新年感语》。

2 月，作《七律　马年去羊年初来，好友草堂小酌》。

3 月，《郭沫若研究也要与时俱进——在"郭沫若与百年中国学术文化国际论坛"上的讲话》在《郭沫若学刊》第 1 期发表。

4 月 29 日，作《钢筋混凝土树林可以休矣》。

8 月 28 日，作《巴金说"无为而治"》《〈巴金文学院二十年〉序》。

8 月 29 日，作《为巴金祝寿文集序》。

8 月 28 日，《钢筋混凝土树林可以休矣》在《四川建筑》第 23 卷增刊发表。

10 月 3 日，重登忠县石宝寨，作《顺口溜十二句　登石宝寨》。

10 月，作《七律　访故居》《七律　登碉楼》《七律　野山祭祖》《七律　阖家登石宝寨》《七律　赠忠县诸友人》《七律　再赠忠县诸友》。

11 月 18 日，作《在巴金百年华诞庆祝会上的发言》。

11 月 30 日，作《一本惊心动魄的书——〈生存与毁灭〉序》。

12 月 12 日，《故乡行》在《忠州报》发表。

12 月 25 日，作《学书展览高白》。

12 月，《马识途书法集》出版。

作《对"三批"巴老说不》。

2004 年，89 岁

1 月 1 日，《傻瓜万岁——〈风雨人生〉序》在《忠州通讯》发表。

1月4日，作《2004年迎春致辞》。

1月4日，作《偶语》（《每个人》《九十自誓》《说幽默》）。

1月21日，书法"临渊履冰 国步幸从危难出 登高望远 春风喜自柳梢回"在《人民日报》发表。

1月，作《寿星明 九十自寿词》《七律 九十自寿》。

3月，作《七律 随杨超老人探春》。

4月，作《刍荛之献》。

5月20日，《初受考验》在《红岩春秋》第3期发表。

5月25日，作《我的上海情结》（之一）。

5月26日，《叫锦江，不叫府南河》在《华西都市报》发表。

6月21日，作《人吓人，吓死人》。

6月30日，《追思黎智》在《闻一多研究集刊（纪念闻一多诞辰100周年)》发表。

6月，作《后记〈清江壮歌〉创作的前前后后》。

7月1日，作《卷首的话——永远的遗憾》。

8月7日，《我记忆中的邓小平》在《纵横》第8期发表。

9月6日，作《马识途文集·自序》。

9月16日，作《七律 访联大旧址拜烈士墓》。

9月17日，作《赠狄克·帕斯脱》。

9月20日，《夜上红岩》在《红岩春秋》第5期发表。

9月，作《七言四句 赠金庸》《祭李白文》。

11月20日，《一个人的地下"报馆"》在《红岩春秋》第6期发表。

11月，作《七律 登蒙顶山》《七律 蒙顶山听孙前说茶道》《蒙顶山农家乐小酌》《七律　致好友李培根戴克宇伉俪》。

12月10日，作《未悔斋诗抄·跋》。

12月17日，作《科学家们，悠着点——荒唐的建议》。

12月28日，作《忽然想到》。

12月，作《什么是"红岩精神"?》。

当年，作《不写"杂文"写"闲文"》《我的文学生涯》。

2005年，90岁

1月1日，《祭李白文》在《美文》（上月刊）第1期发表。

1月3日，作《卖书号》。

1月7日，作《烟》《难得的欢会》。

1月20日，《九死一生脱虎口》在《红岩春秋》第1期发表。

1月，作《光阴似箭，日月如梭》。

2月7日，《常青的六十年异国友谊》在《纵横》第2期发表。

3月12日，为《马识途文集·盛世二言》写《后记》。

3月20日，《九死一生脱虎口》（下）在《红岩春秋》第2期发表。

3月，作《文学三问》。

4月18日，作《白首寄语——在西南联大校友会北京聚会上的讲话》。

5月30日，作《马识途创作七十周年暨〈马识途文集〉出版座谈会答谢词》。

5月，《马识途文集》（12卷本）由四川文艺出版社出版。

8月12日，作《七绝　锦城芙蓉》。

9月7日，《抗战拾忆》在《纵横》第9期发表。

9月15日，作诗《斗室铭》，书赠三哥马士弘。

9月17日，《文学三问》在《作品与争鸣》第9期发表。

9月，作《永远的遗憾》《七绝　即兴》。

10月11日，作《在茅盾文学奖获奖作家四川行座谈会上的欢迎词》。

10月21日，巴金逝世，撰写《告灵书》。

11月，《白首寄语》在《清华校友通讯》第52期发表。

12月8日，《作家，社会责任感到底如何》在《人民日报》（海外版）发表。

2006年，91岁

1月20日，作《2006年新春祝词》。

2月，作《峨眉山大佛禅院写经记》。

3月19日，作《七律　呈永寿大和尚》。

3月31日，作《文学创作要追求真善美》。

春，《登故园碉楼怀亡妻刘蕙馨烈士》在《岷峨诗稿》第79期发表。

4月5日，《文学三问》在《晚霞》第4期发表。

4月，作《七绝　黄宗江来川》。

6月10日，作《中国共产党诞生八十五周年有感》。

6月15日，作《〈中国科学院两院院士书画集〉序》。

6月24日，作《我的上海情结》（之二）。

6月24日，《党的生日有感》在《文艺报》发表。

6月，《沧桑十年1966—1976》由中共中央党校出版社出版。

7月5日,《文学创作要追求真善美》在《当代文坛》第4期发表。

8月14日,作《致公素描》。

9月17日,作《书法摭言》。

9月22日,作《何为"红岩精神"?——和中央电视台记者谈话》。

10月,作《七律 中秋遇雨》。

11月4日,作《构建和谐社会的哲学思考》。

2007年,92岁

1月1日,作《2007年新春寄语》。

1月26日,书法"看似平淡实奇崛,成如容易却艰辛"在《光明日报》发表。

1月,作《七律 代季羡老公示》。

3月7日,《重庆颂》在《红岩》第2期发表。

5月4日,《文坛低俗化,"三头主义"大行其道》在《炎黄春秋》第5期发表。

5月,作《自告奋勇写的序——〈李伯清夜话〉序》。

夏,《挽杨超同志》在《岷峨诗稿》第84期发表。

7月1日,作《且说"联大精神"——西南联大成立七十周年纪念》。

9月30日,《我认识的杨超同志》在《当代史资料》第3期发表。

2008年,93岁

4月,作《永不褪色的记忆》。

5月31日，《凤凰曲——记汶川大地震》在《文艺报》发表。

7月1日，作《在何其芳研究会成立大会暨学术讨论会上的发言》。

8月，作《写字人语》。

当年，作《麦家〈暗算〉获2008年茅盾文学奖》《七言古风　凤凰曲——记汶川大地震》《长寿三字诀》。

当年，《重庆颂　寄调沁园春》在《出版视野》第4期发表。

2009年，94岁

1月16日，作《2009年新年献词》。

2月5日，《长寿之道三字诀》在《晚霞》第3期发表。

2月27日，作《在四川省作家协会第七次全省代表大会闭幕式上的讲话》。

3月27日，《四川省文学艺术界联合会第六次代表大会、四川省作家协会第七次代表大会开幕词》在《中国艺术报》发表。

4月1日，作《顺口溜　忠州半城曲》。

4月5日，《致公素描》在《晚霞》第7期发表。

5月，为《党校笔记》作序言。

6月，作《谈灾难文学创作》。

8月11日，《杂文不要害怕"对号入座"》在《杂文选刊》(中旬版)第8期发表。

10月7日，《国庆之际忆贺龙》在《纵横》第10期发表。

10月，《七律　国庆六十周年有感》《沁园春　国庆六十周年感怀》。

当年，创作完成电影文学剧本《咫尺天涯》（故事梗概），创作《闻一多颂》（参考素材）。

2010 年，95 岁

1 月 7 日，作《一枝红梅吐芬芳——徐棻艺术创作六十周年》。

2 月 7 日，修改 1992 年所作的旧文《闲话"闲话"》。

春，《建国六十周年感赋》在《岷峨诗稿》第 95 期发表。

4 月 26 日，作《古风　观上海世博会》。

5 月 20 日，《古风　观上海世博会》在《新民晚报》发表。

5 月 5 日，《西窗闲文》（之一）在《四川文学》第 5 期发表。

5 月 25 日，《七律　寄友人黄彦同志》。

6 月 5 日，《西窗闲文》（之二）在《四川文学》第 6 期发表。

7 月 1 日，创作《你的信仰安在》。

7 月 5 日，《西窗闲文》（之三）在《四川文学》第 7 期发表。

7 月 27 日，《绿涨池塘访季翁》在（上海）《文汇报》发表。

8 月 3 日，创作《烟》。

8 月 5 日，《西窗闲文》（之四）在《四川文学》第 8 期发表。

8 月 30 日，创作《酒》。

8 月 31 日，创作《五古　士弘三兄病房祝百岁寿》。

8 月，作诗《七律　士弘三兄百岁大庆》。

9 月 3 日，作《七律　访杨潇幽居》。

9 月 5 日，《西窗闲文》（之五）在《四川文学》第 9 期发表。

9 月 17 日，《你的信仰安在?》在《光明日报》发表。

9 月，作《孙静轩的三句话》。

《四川的茶馆》在《茶博览》第 9 期发表。

10 月 2 日，作《在与洪雅文艺界人士见面会上的讲话》。

10 月 5 日，《西窗闲文》（之六）在《四川文学》第 10 期发表。

10 月，作《〈红岩版画〉序》。

10 月，重访洪雅，登瓦屋山，拜访好友高缨。作《七律 洪雅行》《七律 重访洪雅》《七绝 过高缨宅》《七绝 槽渔滩》《七绝 过花溪》《七律 登玉屏人工林公园》《水调歌头 登瓦屋山》《五律 瓦屋山》《七律 往七里坪》《五律 七里坪》。

11 月 5 日，《西窗闲文》（之七）在《四川文学》第 11 期发表。

12 月 5 日，《西窗闲文》（之八）在《四川文学》第 12 期发表。

12 月 30 日，《党校笔记》在《当代史资料》第 4 期发表。

当年，《双星同陨忆往事》在《清华校友通讯》第 61 期发表。

2011 年，96 岁

1 月 1 日，《难得的欢会》在《散文》（海外版）第 1 期发表。

1 月 7 日，《"子弹"从何处来——〈夜谭十记〉后记》在《晶报》发表。

1 月 25 日，《魏明伦赞》在《四川戏剧》第 1 期发表。

1 月，新版《夜谭十记》由四川文艺出版社出版（收录《破城记》《报销记》《盗官记》《娶妾记》《禁烟记》《沉河记》《亲仇记》《观花记》《买牛记》《踢踏记》）。

作《顺口溜 九十七岁述怀》。

2 月 5 日，《西窗闲文》（之九）在《四川文学》第 2 期发表。

3 月 5 日，《刻骨铭心的往事》在《四川文学》第 3 期发表。

3月底—4月初，重回恩施，作《七律　恩施扫墓》《访恩施鄂西特委故地》。

4月1日，《走自己的路——祝〈青年作家〉创刊十周年》在《青年作家》第4期发表。

4月5日，作《七绝　蕙馨就义地告灵》《七绝　重走蕙馨汲水小道》《七律　恩施扫墓》《七律　访恩施鄂西特委故地》。

4月10日，作《五律　又见李储文》。

4月10日，作《晓舫新居即景》。

4月，作诗《清华大学百年校庆》《七律　江南行》《七绝　谒岳王墓》《七律　重访西湖白堤》《七律　再度忠州故乡行》《七律　再拜白公祠》《七绝　东溪即景》《七律　赠京门老友》《七律　和沈鹏赠诗》《七律　赠沈鹏诗》。

5月4日，作《在西南联大北京校友会上的发言》。

6月5日，《西窗闲文》（之十）在《四川文学》第6期发表。

7月1日，《纪念建党九十周年》（词二首）在《文艺报》发表。

7月1日，《祝贺党90华诞二首》在《光明日报》发表。

7月1日，作《没有硝烟的战线·序》。

7月5日，《满江红》《念奴娇》在《中华诗词》第7期发表。

7月30日，创作《立存此照》。

7月，《党校笔记》由中共中央党校出版社出版。

8月5日，作《闲话〈让子弹飞〉》。

8月，作《为什么有那么多的议论?》。

9月，作《猎野鸭记》《再说〈让子弹飞〉》《忆秦娥　中秋无月》。

秋，《建党九十周年纪念词二首》《在〈岷峨诗稿〉百期纪念会上的发言》在《岷峨诗稿》第 101 期发表。

10 月 5 日，《西窗闲话》（十一）在《四川文学》第 10 期发表。

10 月，作《忆秦娥　南湖赏秋》。

11 月 5 日，《西窗闲话》（十二）在《四川文学》第 11 期发表。

11 月，作《怀沙老来访，即就顺口溜十二句》。

12 月 5 日，《西窗闲话》（十三）在《四川文学》第 12 期发表。

冬，《忆秦娥》（三首）在《岷峨诗稿》第 102 期发表。

当年，作诗《祝全国九次文代会、八次作代会开幕》。

2012 年，97 岁

1 月 5 日，《出峡》《迎巴金老归》《游荒寺》《九十自寿》《初遇彭大将军于南充》《赠友人》《砚耕》《西南联大老同学京门聚饮》等诗作在《中华诗词》第 1 期发表。

1 月 5 日，《西窗闲话》（十四）在《四川文学》第 1 期发表。

1 月 14 日，作《在中国现代文学馆马识途作品研讨会上的发言》。

1 月，作《顺口溜九十八岁自叙》《2012 年新年闲话》。

2 月 4 日，作《七律　别友》。

3 月 30 日，《我看当下的谍战剧》在《光明日报》发表。

4 月 6 日，作《在四川省马识途作品研讨会上的发言》。

6 月，题词"知人论世，以民为本"在《郭沫若学刊》2012 年第 2 期（总第 100 期）刊载。

6 月，为《在地下》作"再版序言"。

10 月 23 日，重阳节，作《九九老人漫谈长寿诀》。

11月初，作《沁园春　祝中共十八大开幕》。

11月16日，作《郭沫若是有争议的人物吗？——在郭沫若诞辰120周年纪念会上的发言》。

11月21日，作《我当名誉主编了》。

12月5日，《西窗闲话》（十五）在《四川文学》第12期发表。

12月，《在杜甫学术研讨会暨四川省杜甫学会第十六届年会开幕式上的发言》在《杜甫研究学刊》第4期发表。

《郭沫若是有争议的人物吗？——在郭沫若诞辰120周年纪念会上的发言》《七律》在《郭沫若学刊》第4期发表。

创作《名誉主编》。

冬，《沁园春　祝中共十八大开幕》在《岷峨诗稿》第106期发表。

2013年，98岁

1月5日，《九九老人漫谈长寿诀》在《晚霞》第1期发表。

1月5日，《我当名誉主编了》在《四川文学》第1期发表。

1月12日，作《在东方文豪终身成就奖颁奖仪式上的答词》。

1月，作《顺口溜　九十九》。

2月2日，作《七律　赠冰凌先生》。

3月5日，《获奖感言》在《四川文学》第3期发表。

4月1日，《七律——长夜不寐，起坐吟诗一首，以就教于郭沫若乐山学术讨论会诸公》在《青年作家》第4期发表。

4月，作诗《七绝　清明告灵》，怀念妻子王放。

5月24日，作《百岁书法展答谢词》。

5月25日，草拟《百岁拾忆》提纲。

6月10日，作《我和生活书店》。

6月，动笔创作《百岁拾忆》。

9月1日，《郭沫若是有争议的人物吗？——在郭沫若120周年诞辰纪念会上的发言》在《中国社会科学论坛文集——郭沫若与文化中国》发表。

10月8日，作《编者的杂文手法》。

10月13日，作《我的希望》。

10月，作《采桑子二首　重阳节》。

12月5日，《饕餮在中国肆虐》《话说"狗咬人不是新闻，人咬狗才是新闻"》《时代还需要杂文》《编者的杂文手法》在《四川文学》第12期发表。

12月9日，《百岁拾忆》完稿。

12月24日，作《七律　老友聚饮即兴》。

冬，《祝贺第五个三中全会召开》（外一首）在《岷峨诗稿》第110期发表。

2014年，99岁

1月，《马识途百岁书法集》由四川美术出版社出版。

作《七律　百岁自寿诗》《寄调寿星明　百岁述怀》《七律　除夕迎马年》《七律　马年除夕有感》。

2月7日，书法《百岁述怀》在《光明日报》刊登。

2月14日，作《顺口溜　与何（郝炬）公说"同"》。

3月5日，《百岁自寿》《寿星明　百岁述怀》在《中华诗词》第3期发表。

4月1日，作《〈报春花〉（故事梗概）·前言》。

4月19日，作《我也有一个梦——一个百岁老人的呼吁》。

5月16日，《我也有一个梦——一个百岁老人的呼吁》在《光明日报》发表。

5月，作《七律　赠王蒙》《七绝二首　谢李锐公贺诗》。

6月6日，作《七律　北京友人再聚》。

6月10日，《要善于引导，也要宽容一点——网络文学再认识》在《人民日报》发表。

6月，作《北京遇曾彦修》。

8月，回忆录《百岁拾忆》由三联书店出版。

作《七律　又见王蒙》。

9月8日，作诗《马氏兄弟歌》《先父行状颂》。

9月，《自拟小传》《我怎样写起小说来的?》《我追求中国作风和中国气派》《我也有一个梦——一个百岁老人的呼吁》《〈马识途文集〉自序》《未敢以书法家自命——百岁书法展答谢辞》《马识途百岁书法集:〈寿星明·百岁述怀〉》《〈七律·百岁自寿〉》在《郭沫若学刊》第3期发表。

10月5日，创作《我这一百年》。

10月，为《人民文学》六十周年题字:接人民地气，守文学天真。

作《忆秦娥　翠峨湖畔》《七绝　重访大佛禅院》。

11月19日，创作《百岁感言》。

12月1日，《我的文坛往事》在《书摘》第12期发表。

12月5日，《文化大家谈》在《健康报》发表。

冬，《忆秦娥　峨秀湖畔》（外一首）在《岷峨诗稿》第 114 期发表。

当年，《报春花》在《中国作家》（影视版）第 8 期发表。

2015 年，100 岁

1 月 5 日，《百岁感言》在《四川文学》第 1 期发表。

1 月 22 日，作《七律　新年感怀》。

1 月，作《七律　百岁寄远》《七律　百岁怀远》《寿三公》（《七绝　赠王火》《七律　李致八五寿志庆》《七律　贺章玉钧八十寿》）。

2 月 4 日，《陪邓小平和胡耀邦打桥牌》在《百年潮》第 2 期发表。

3 月 5 日，《成都文化四老自寿醵会诗四首》在《晚霞》第 5 期发表。

3 月，作《七律　羊年元宵有感》。

4 月 18 日，作《谒丹棱大雅堂》。

4 月，作《七律　浣花溪春游》。

5 月，《西窗札记》由文汇出版社出版。

夏，《感怀》（外三首）在《岷峨诗稿》第 116 期发表。

7 月 1 日，《榴花开得火样鲜明》在《诗刊》第 13 期发表。

7 月 14 日，作诗《七绝　王放四十九年祭》。

7 月 19 日，《我的文坛往事》在《江南晚报》发表。

7 月，作《七言排律　纪念抗战胜利七十周年》。

8 月 8 日，作《大学之道　修身为本》。

8 月 29 日，《榴花开得火样鲜明》在《忠州日报》发表。

9 月 1 日，《原形》在《诗选刊》第 9 期发表。

秋，《纪念抗战胜利七十周年》（外二首）在《岷峨诗稿》第117期发表。

10月5日，《大学之道　修身为本》在《晚霞》第19期发表。

作《马识途诗词选·后记》。

11月5日，《成都文化四老自寿醵会诗四首》《新年感怀》《赠王火》《李致同志八五寿》《贺章玉钧同志八十寿》在《中华诗词》第11期发表。

11月7日，有感"习马会"召开，作《七绝　习马会，引习语感赋》。

11月20日，《我属虎不属兔》在《情感读本》（生命篇）11月号发表。

冬，《迎岁二首》在《岷峨诗稿》第118期发表。

2016年，101岁

1月20日，《离离相思草生烟　灼灼山茶烂欲然》在《晚霞》第2期发表。

1月，线装本《岷峨诗侣·马识途卷》由巴蜀书社出版。

2月，作《七律　迎猴年》。

春，《又见王蒙》（外二首）在《岷峨诗稿》第119期发表。

5月，作诗《贺李锐公百岁寿》《戏作顺口溜》。

6月5日，《天意怜芳草　人间重晚晴》在《晚霞》第11期发表。

6月20日，《职业革命家马识途》在《晚霞》第12期发表。

7月5日，《正道夕阳无限好，何愁光景近黄昏》在《晚霞》第13期发表。

9月15日，作《忆秦娥 中秋欢聚》《忆秦娥 迎翠兰归》。

12月初，在西昌邛海边，创作古体诗《西昌美》。

2017年，102岁

1月31日，作《祝李储文老友百岁寿》。

2月3日，作《摘报附言·引言》。

2月10日，为纪念北京老友周有光，作《怀念周有光老人》。

初春，完成30万字《那样的时代，那样的人》。

春，《浣溪沙 新居即景》（外一首）在《岷峨诗稿》第123期发表。

5月8日，《人民解放军建军九十周年（军旗飘扬）》在《人民日报》发表。

8月4日，到成都购书中心参加《王火文集》首发暨捐赠仪式，作《七律 赠王火》。

秋，《满江红 建军九十周年》（外二首）在《岷峨诗稿》第125期发表。

10月19日，为贺即将到来的西南联大八十周年庆，作诗《西南联大八十周年大庆》。

12月5日，《我有的是终身遗憾》在《青年作家》第12期发表。

2018年，103岁

1月19日，作七律诗《百零四岁自寿》《百零四岁自警》。

1月，完成《夜谭十记》续篇《夜谭续记》。

4月，《文学应该是一种有方向感的写作》在《红旗文摘》第4

期发表。

5月25日，《彰显社会主义文艺的中国特色——一位百岁作家的心声》在《人民日报》发表。

6月5日，《马识途作品》（书法）在《四川文学》第6期发表。

6月9日，《彰显社会主义文艺的中国特色——一位百岁作家的心声》在《学习活页文选》第24期发表。

6月，《马识途文集》（18卷本）由四川文艺出版社出版。

7月13日，《半路与文学结缘》在《中国新闻出版广电报》发表。

7月，作《夜谭续记·后记》。

9月，《彰显社会主义文艺的中国特色》在《红旗文摘》第9期发表。

10月19日，《马识途：没有终身成就 只有终身遗憾》在《文艺报》发表。

冬，《参观某国防大厂作》（二首）在《岷峨诗稿》第130期发表。

2019年，104岁

1月1日，作《寿登百五自寿诗》。

1月4日，《我的人生观：乐观和战斗》在《百年潮》第1期发表。

1月8日，作《寿登百五自寿词》。

春，《寿登百五自题二首》在《岷峨诗稿》第131期发表。

6月，散文集《西窗琐言》由江苏凤凰文艺出版社出版。

夏，《满江红 建党九十七周年纪念》（外二首）在《岷峨诗稿》第132期发表。

7月17日，《马识途：人生百年 初心未改》在《光明日报》发表。

7月，为中国作家协会创立 70 周年题诗：文章清似水，气宇峻如山。

9月6日，在峨眉山疗养期间，作诗《峨眉峨秀湖即景》（排律八韵）。

9月18日，《我爱我的祖国》在《人民日报》发表。

9月20日，获得中共中央、国务院、中央军委颁发的《庆祝中华人民共和国成立 70 周年纪念章》，赋诗一首：七十年风雨历程改革开放不忘初心，十三亿艰苦奋战民富国强牢记使命。

12月28日（腊月初三），马老迎来自己的 105 岁生日。好友王火、李致等人一起为其祝寿，马老赋诗一首：

生年不意进百六，老友酿餐祝寿筯。

近瞎近聋惟未傻，能饭能卧尚健康。

有心报国少贡献，无意赋闲多词章。

若得两年天假我，百岁党庆共琼浆。

冬，《峨眉峨秀湖即景》（排律八韵）在《岷峨诗稿》第 134 期发表。

2020 年

2月8日，为抗击新冠肺炎疫情，创作词《借调忆秦娥·元宵》。

春，《借秦娥·庚子元夕二首》在《岷峨诗稿》第 135 期发表。

2月21日，《借调忆秦娥·元宵》在《光明日报》发表。

3月20日，《满江红·战疫》在《光明日报》发表。

3月，《借调忆秦娥·战病毒》在《中华诗词》第 3 期发表。

6月，《夜谭续记》（上卷　夜谭旧记：《狐精记》《树精记》《造人记》《借种记》《天谴记》；下卷　夜谭新记：《逃亡记》《玉兰记》《方圆记》《重逢记》《重逢又记》）由人民文学出版社出版。

7月2日，题写书名《寻找诗婢家》。

7月5日，发布"封笔告白"，正式宣布封笔，并附赠五首传统诗《自述》《自况》《自得》《自珍》《自惭》。

2021 年

1月22日，《怀念周有光老人》一文在《光明日报·文荟》发表。

3月23日，马识途首部甲骨文著作《马识途西南联大甲骨文笔记》序言《我和甲骨文》，全文刊登在《封面新闻》。

3月，《马识途文集》（精编版）7卷（《没有硝烟的战线》《百岁拾忆》《沧桑十年》《中短篇小说》《风雨人生》《清江壮歌》《夜谭十记》）由四川文艺出版社出版。

4月，作诗《满江红　中国共产党成立百年志庆》。

4月—6月，创作长篇小说《最有办法的人》。

6月3日，在《人民日报》发表《讲述革命故事　弘扬红岩精神》。

6月，为《魂系中华——马识途书法展》书写《告白》。

6月14日，端午节，作词一首："端午节，阖家团聚思亲节。思亲节，亲人远去阴阳相隔。犹忆当年端午节，兄弟聚首过佳节。过佳节，同吃粽子相看欢悦。"

6月19日，发表亲书《告白》。

11月2日，《马识途西南联大甲骨文笔记》由四川人民出版社正式出版。

12 月 9 日，作诗《调寄沁园春》，贺中国作家协会第十次全国代表大会在北京召开。

2022 年，107 岁

1 月，《那样的时代，那样的人》由人民出版社出版。

1 月，作四首新诗《自寿》《检点》《致友人》《杂感》（排律）。

1 月 22 日，为《马识途西南联大甲骨文笔记》新书发布会做答谢词。

责任编辑：刘敬文
封面设计：马淑玲
版式设计：孙姗姗
责任校对：白　玥

图书在版编目（CIP）数据

老马识途说 / 马识途 著；慕津锋 编 . —北京：人民出版社，2022.6
ISBN 978－7－01－024651－2

I.①老…　Ⅱ.①马…②慕…　Ⅲ.①马识途－自传　Ⅳ.① K825.6
中国版本图书馆 CIP 数据核字（2022）第 047200 号

老马识途说
LAOMASHITUSHUO

马识途　著　慕津锋　编

人民出版社 出版发行
（100706　北京市东城区隆福寺街 99 号）

中煤（北京）印务有限公司印刷　新华书店经销

2022 年 6 月第 1 版　2022 年 6 月北京第 1 次印刷
开本：710 毫米 × 1000 毫米 1/16　印张：17　插页：6
字数：200 千字

ISBN 978－7－01－024651－2　定价：69.00 元

邮购地址 100706　北京市东城区隆福寺街 99 号
人民东方图书销售中心　电话（010）65250042　65289539